岗课赛证

教育类专业“岗课赛证融通”配套教材

理实一体

U0854177

幼儿语言教育与活动指导

（第2版）

YOU'ER YUYAN JIAOYU YU HUODONG ZHIDAO

主　编：杭　梅
封面照片：成都市教育科学研究院附属龙泉驿天鹅湖幼儿园 提供

北京师范大学出版集团
BEIJING NORMAL UNIVERSITY PUBLISHING GROUP
北京师范大学出版社

图书在版编目(CIP)数据

幼儿语言教育与活动指导/杭梅主编. —2 版. —北京：北京师范大学出版社，2022.8(2024.8 重印)
ISBN 978-7-303-27675-2

Ⅰ.①幼… Ⅱ.①杭… Ⅲ.①学前教育—语言教学—教材
Ⅳ.①G613.2

中国版本图书馆 CIP 数据核字(2021)第 269563 号

教材意见反馈：gaozhifk@bnupg.com 010-58805079
营销中心电话：010-58802755 58800035
编 辑 部 电 话：010-58802833

出版发行：北京师范大学出版社 www.bnupg.com
北京市西城区新街口外大街 12-3 号
邮政编码：100088
印　　刷：天津旭非印刷有限公司
经　　销：全国新华书店
开　　本：889 mm×1194 mm 1/16
印　　张：9.75
字　　数：192 千字
版　　次：2022 年 8 月第 2 版
印　　次：2024 年 8 月第 22 次印刷
定　　价：26.80 元

策划编辑：姚贵平　　责任编辑：冯　倩
美术编辑：焦　丽　　装帧设计：焦　丽
责任校对：陈　荟　　责任印制：陈　涛　赵　龙

内容简介

随着我国教育事业的飞速发展，学前教育的改革也在不断深化。我们根据教育部颁布的《幼儿园教育指导纲要(试行)》《幼儿园教师专业标准(试行)》《3—6 岁儿童学习与发展指南》等文件组织编写了本书，以满足学前教育专业教学的需要。本书着重介绍了幼儿语言教育活动设计与指导的内容，包括九个专题：认识幼儿语言教育，0～3 岁婴幼儿语言的发展与教育，幼儿园语言教育的目标、内容、方法和途径，幼儿园谈话活动，幼儿园讲述活动，幼儿园听说游戏活动，幼儿园文学作品学习活动，幼儿园早期阅读活动以及幼儿语言教育评价。

本书既可供学前教育专业的学生使用，也可供幼儿园教师进行继续教育和进修培训使用。

前 言

学前教育对幼儿的身心健康和智力发展有重要的意义，对保障每名幼儿的良好人生开端、后续学习和终生发展都起着不可估量的作用。学前教育是国民教育体系重要的组成部分，也是义务教育的基石。2016年9月9日，习近平在北京市八一学校考察时强调："要加强对基础教育的支持力度，办好学前教育。"实现"幼有所育"是满足人民群众日益增长的优质教育需求的题中应有之义。教育部颁发的《幼儿园教育指导纲要(试行)》明确指出："幼儿园的教育内容是全面的、启蒙性的。"学前教育要根据教育目标，选择和组织对幼儿最有价值、最贴近实际生活的部分构成教育内容，使幼儿得到良好的发展。

学前教育专业的培养目标是培养素质高、技能强的应用型人才。五大领域教育活动设计课程是实现专业培养目标的重要课程，因此，其教学质量直接关系到人才的培养水平。学生的专业知识和职业技能必须经过悉心培养与严格训练才能掌握，而教材是学前教育专业教学工作实施的重要依据。

本书是在长期教育教学实践的基础上编写的，以习近平新时代中国特色社会主义思想为指导，以学前教育理论为依据，以学前教育教学改革成果为基础，以学前教育实际工作要求为目标，全面落实立德树人的根本要求，注重人才培养目标和学前教育专业特点的有机结合。本书以阐述基本问题为主，以够用、实用为度；从专业技能出发，根据实际需要，尽量做到内容全面、要求明确、指导具体、便于操作，以便学生在学习过程中做到理论联系实际。本书在内容和体例的编排上力求有一定的变革和创新，改变了传统章和节的结构，以"专题"的模式编写，各专题引入情境案例，通过对案例的分析引导学生掌握知识与技能，增强内容的趣味性与可读性，让学生爱读、爱学，进而学有所获。每个专题既有理论讲解，又有实例加以辅助，以帮助学生更好地理解和吸收。

本书由南京晓庄学院杭梅负责专题一和专题三的编写，南京晓庄学院周燕负责专题二和专题七的编写，徐州幼儿师范高等专科学校李进负责专题四的编写，南京迈皋桥幼儿园陈蕾负责专题五和专题六的编写，绍兴文理学院孙燕负责专题八和专题九的编写。杭梅负责全书的统稿工作。

本书参考并借鉴、吸收了国内许多专家学者及同行的研究成果、观点和资料，在此一并表示感谢。

编者

目　录
CONTENTS

专题一
认识幼儿语言教育

学习目标

1. 了解幼儿语言教育的性质。
2. 掌握幼儿语言教育的特点。
3. 理解幼儿语言教育的影响因素。

情境案例

案例一：

在幼儿园里，教师正带领小朋友们做游戏。游戏结束后，教师像往常一样问小朋友们："这个游戏好玩吗？"小朋友们回答："好好玩！"带头回答的小朋友就是最爱看电视的婷婷。

案例二：

在我国的某些地区，曾经有一种用沙袋育儿的习俗，即把出生后不久的孩子放入盛满细沙的沙袋内喂养，以沙土代替尿布，一天换一次沙土。平时，家长就把孩子放在沙袋内，每天除喂奶外，既不抱，也不管。经过一段时间后，孩子变得老实、安静。有一个在沙袋中生活了两年的孩子，3 岁时才会叫"妈妈"，5 岁时才会走路，17 岁时还分不清"兄弟几个"和"有几个哥哥"这两句话有什么区别，语言和智力发育相当滞后。

看了这两个案例，你对幼儿的语言发展有怎样的思考？

____

____

____

本专题思维导图

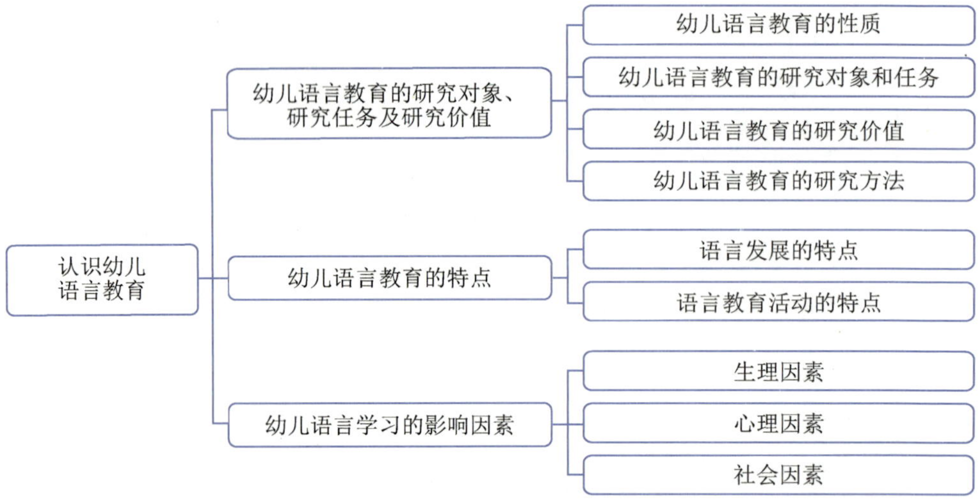

学习主题 1 幼儿语言教育的研究对象、研究任务及研究价值

学习笔记

一、幼儿语言教育的性质

幼儿语言教育是一门专门研究 0～6 岁幼儿语言发生、发展及教育的应用性学科，是幼儿教育工作者(尤其是幼儿园一线教师)应掌握的一门应用性科目。它通过发现、探索幼儿语言学习中的现象，揭示其中所蕴含的规律。

二、幼儿语言教育的研究对象和任务

幼儿语言教育把 0～6 岁幼儿语言的发生、发展及教育作为研究对象，主要研究该年龄段的幼儿在语言的习得过程中所产生的一系列现象和问题，从中发现规律，并运用规律来进行有效的教育，促进幼儿语言能力的整体发展。

幼儿语言教育的研究任务主要如下。

（一）探索幼儿语言教育的功能和作用

作为幼儿教育工作者，只有明确幼儿语言发展的功能和作用，才能在日常教育工作中更好地学以致用，更自觉地进行幼儿语言教育的研究和实践，为促进幼儿的语言发展而努力。

第一，促进幼儿语言和行为的社会化进程。幼儿获得语言是幼儿社会化发展的一个里程碑，对幼儿身心的健康发展具有积极的意义。

第二，促进幼儿学习能力和智力的发展。幼儿在加工语言的同时，认知能力得到了相应的锻炼和提高，学习能力得到了发展。

第三，激发幼儿学习语言的兴趣。

第四，学好口语，提高早期阅读能力，为未来打好基础。阅读是学习的基础，阅读能力往往决定了人的学业发展。拥有一定的阅读能力是人们从事各项工作的基本条件。

（二）揭示幼儿语言发展的特点与教育规律

语言发展遵循着一定的规律，作为幼儿教育工作者，必须清楚和了解幼儿语言发展的过程以及在此过程中表现出来的各种现象。语言是在使用的过程中被学习的，语言能力也是在运用过程中被培养出来的。所以，我们必须为幼儿提供一个宽松、自由、适宜的语言交往环境，并关注幼儿语言学习的渗透性和个别化的特点。

学习笔记

三、幼儿语言教育的研究价值 >>>>>>>>>>>>>>>>>>>>>>

（一）语言学价值

20 世纪下半叶的幼儿语言研究领域，在所谓“乔姆斯基革命”的冲击下，由探讨语言的符号系统转为探讨人类普遍拥有的语言能力。探讨人类普遍拥有的语言能力的途径有三种：一是概括人类语言的共性；二是研究幼儿语言的发展；三是研究病理语言学。

（二）心理学价值

幼儿语言的发展，反映了幼儿认知的发展和心理的发展，所以，它一直以来就是发展心理学的重要研究课题之一。心理语言学是心理学和语言学的交叉学科，其诞生与飞速发展，也表明了幼儿语言的重要性和心理学价值。

（三）教育学价值

语言教育，不管是母语教育还是外语教育，其理论依据都是语言学习理论。语言学习理论的建立，依靠的是对各种语言学习现象的深入而全面的研究。幼儿语言学习是语言学习中最成功的，因此，幼儿语言的研究成果，自然也就是语言学习理论最为关注的，它对语言学习理论的建立起着至关重要的作用。

（四）文化学价值

语言不能脱离文化而存在。语言是人类最重要的交际工具，是文化的表现形式，是文化的载体，而且它本身也是一种文化现象。幼儿语言的萌芽标志着幼儿创造文化的开端。幼儿学习语言的过程实际上就是学习文化的过程，幼儿语言的发展从根本上看是文化发展的结果。

四、幼儿语言教育的研究方法 >>>>>>>>>>>>>>>>>>>>>>

幼儿语言教育主要是研究幼儿语言获得、语言学习和语言教育的过程。只有经过自然观察、对现实的调查研究和对实践的行动研究，才能判明其方法是否有效。因此，幼儿语言教育的研究方法是根据幼儿的生理学、心理学的基本原理和人类语言学的发展规律，运用自然观察法、调查研究法和行动研究法等理论与实践相结合的综合方法。

学习笔记

(一)自然观察法

自然观察法是指通过感官或辅助仪器，有目的、有计划地对自然状态下发生的现象或者行为进行系统且连续的考察、记录、分析，从而获取事实材料的研究方法。自然观察法是最古老也是最基本的观察法，适用于对幼儿发展和教育的研究。具体方法有：日记描述法、逸事记录法、实况详录法、时间取样法等，其中日记描述法和实况详录法对语言教育来说是比较适宜的。

(二)调查研究法

调查研究法是通过对事实的考察、现状的了解、材料的收集来认识教育问题或探讨教育现象之间联系的研究方法。调查是指用一定的方法和手段去收集事实、资料；研究是指对收集来的资料进行统计分析或理论分析(定性与定量相结合的分析)。调查研究法一般可分为：现状调查法、原因调查法、跟踪调查法等。

(三)行动研究法

行动研究法是指研究人员和一线教师针对实际的教育活动或教育实践中的问题，不断提出改进教育的方案或计划，用以指导工作实践。同时又依据研究计划在实施进程中不断出现的新问题，进一步充实和修正、完善计划，不断提出新的目标。

学习主题 2
幼儿语言教育的特点

语言是人们交流思想的工具，是思维的基础。幼儿期是语言发展的关键期，在 3～6 岁这个时期，幼儿生活经验日益丰富，喜欢学说话，喜欢提出问题，喜欢听别人用语言介绍知识、经验，也喜欢用语言来表达自己的思想和追求。这个时期，在正确的引导和教育下，幼儿的语言发展迅速，词汇量日益增多，逐渐能用简单句连贯地叙述见闻、表达思想。如果这个时期的幼儿的语言能力没有得到适当的培养，语言能力就会发展缓慢，后天锻炼就会很困难。幼儿在幼儿园的时间相对较长，作为教师，要为幼儿创造良好的语言环境，充分发挥他们的语言能力。

一、语言发展的特点 >>>>>>>>>>>>>>>>>>>>>>>>>>>>>>

(一)语言学习是幼儿语言主动建构的过程

幼儿学习各种语言符号及其结构组织方式的过程不是完全被动的。在语言交际环境中，当幼儿有交往需要时，他们会主动地搜寻记忆里的词汇和句子，尝试进行表述。而在这种有交往需要的情况下，幼儿只有因词汇贫乏或语法错误使对方产生理解障碍时，才会感到学习新词的紧迫性，才会有意识地利用这种交往机会向对方学习，主动模仿新词、新句。

例如，我们与 8 个月大的婴儿玩耍时，他们可能会发出“嘤嘤”“啊啊”的声音。

这就说明，成人与幼儿之间的交往对幼儿的语言发展有促进作用。成人的语言可为幼儿的语言学习起到示范的作用。成人要让幼儿在与他人的交往过程中主动学习新词，从而形成一种主动学习语言的习惯。

学习笔记

（二）语言学习是幼儿语言个性化的过程

我们通过幼儿在模仿语言的过程中所表现出来的选择性和变通性，可以看出幼儿学习语言是一个个性化的过程。幼儿的模仿能力和接受能力较强，有时看过一两次广告便可以准确地说出广告语。所以，可以适当地让幼儿看一些电视节目，如动画片等，让他们跟着说一说。教师应采用多种教学方法、教具，让幼儿在日积月累的过程中学习语言，接受语言，积极主动地与他人交谈。

（三）语言学习是幼儿语言综合化的过程

幼儿学习语言时，必然要弄懂语言的含义，也就是要理解词语所代表的一类事物，以及词语反映的事物的具体特征、意义、感情等。由此可见，幼儿学习语言的过程往往和他们认识事物的过程紧密相关。因此，我们要丰富幼儿的生活，使幼儿有话可说。例如，生活中的每一种情绪、每一个活动都可以成为幼儿体验语言的内容，我们在日常生活中可以有意识地引导他们，鼓励他们用自己的语言表达；同时，也可以利用故事、儿歌等形式为幼儿提供表达与交流的机会，提高幼儿的语言表达能力。

（四）语言学习是循序渐进且逐步积累的过程

幼儿学习和掌握语言需要一个过程，从无到有、从不理解到部分理解再到完全理解，积少成多，逐步完善。3～6 岁阶段，幼儿出现发音不准的现象越来越少。这一时期正是幼儿语言接受能力最强的时期，也是语言发展最迅速的时期。在这一时期对幼儿进行普通话的教育与培养，幼儿比较容易接受。

二、语言教育活动的特点 >>>>>>>>>>>>>>>>>>>>>>>>

语言活动是对幼儿进行语言教育和语言能力培养的主渠道，语言活动可使幼儿的思维和语言相互促进，协调发展。

（一）语言教育活动是特殊的语言学习过程

语言是在个体与环境相互作用中，尤其是在与人们的语言交流中获得和发展的。家庭中，成人与成人之间的语言交流，成人与幼儿之间的语言交流，都为幼儿提供了重要的语言模仿和语言学习的环境。游戏中，同伴之间的交谈，为幼儿提供了语言交流、实践的环境。各种影视节目的出现，更是丰富了幼儿的语言环境。然而，要促使幼儿的语言得到更好的发展，就要组织正规的教育活动，对其进行有计划、有系统的语言教育。可以说，幼儿园的语言教育活动是一种特殊的语言学习过程。

（二）语言教育活动的目的是使幼儿获得语言经验

幼儿的语言发展，是通过日常的语言习得的，是凭借有组织的语言教育活动中获得的语言经验来实现的。生长在不同环境中的幼儿，由于其文化背景不同，他们在与周围人进行语言交流时所模仿和使用的语言形式与语言内容也不同，所

学习笔记

获得的语言技能也有差异。因此，他们所获得的关于语言方面的经验也大有不同。这些不同的语言经验也就形成了幼儿语言发展的差异。在正规的语言教育活动中，教师可以将生活在不同环境中的幼儿集中在一起，按照一定的教育目标，有目的地为幼儿提供一定的条件和情境，使他们在与这些条件和情境的交互作用中，获得丰富的语言经验，并借助这些经验掌握语言的形式和内容，提高理解语言和表述语言的能力。

（三）语言教育活动是整合的教育过程

语言教育活动的整合性主要体现在教育目标的整合、教育内容的整合和教育方式的整合三个方面。①教育目标的整合。教育目标的整合是指在设定语言教育活动的目标时，应包括认知、情感与态度、能力与技能三个方面的要求。通俗地说，就是要求幼儿经过正规的语言教育活动，应该知道什么，愿意做什么，能够干什么。②教育内容的整合。教育内容的整合是指在设计和组织语言教育活动时，要将社会知识、认知知识和语言知识整合在一起，由此构成语言教育活动的内容。因此，在选择教育内容时，要充分考虑社会知识、认知知识和语言知识的有效结合，这三方面的内容对幼儿的语言学习和发展都具有积极的促进作用。③教育方式的整合。教育方式的整合是指组织语言教育活动时，以多种形式来构建语言教育内容，在活动中糅合多种幼儿发展因素，允许多种与幼儿发展有关的符号系统参与其中，从而促使幼儿在外界的刺激和强化作用下，产生积极运用语言进行交往的愿望和需要，并主动地通过各种符号手段(包括音乐、美术、动作、语言等)作用于环境。

学习主题 3
幼儿语言学习的影响因素

学习笔记

一、生理因素 >>>>>>>>>>>>>>>>>>>>>>>>>>>>>>>>>>>

生理因素包括三个方面：一是健全的发音系统，包括肺、喉头、声带、口腔、鼻腔等，这是发音所必需的动力部分、发音器官和共鸣腔系统；二是健全的大脑神经系统，这涉及幼儿接收信息、分析信息、传递信息的能力；三是完善的感知觉系统，包括眼——视觉、耳——听觉、口——味觉、鼻——嗅觉、皮肤——触觉等。

二、心理因素 >>>>>>>>>>>>>>>>>>>>>>>>>>>>>>>>>>>

心理因素包括三个方面：一是知识经验的积累；二是认知能力的发展；三是心理素质的差异。其中最为重要的是大脑的认知能力方面。

三、社会因素 >>>>>>>>>>>>>>>>>>>>>>>>>>>>>>>>

学习笔记

在社会影响因素中，较为重要的是幼儿所处的社会生活环境以及成人语言观的影响。

（一）社会生活环境的影响

1. 生活环境的差异

制约幼儿语言习得的主要因素是语言形式的复杂程度。因为语言以及语言中各要素的复杂程度不同，所以习得不同语言的幼儿在学习过程中有着不同的习得方式和习得顺序，在对某一语言现象乃至某种语言在习得的速度上会出现或大或小的差异。家庭和社会的文化素质以及幼儿园对教育的重视程度对幼儿语言习得的影响很大。不同的生活环境对幼儿的语言习得也有影响。

2. 教育的差异

由于社会的发展和人们对幼儿早期教育的重视，因此幼儿的心理、智力和语言的发展在不断加快。许多研究都发现，农村幼儿的语言发展落后于城市幼儿的语言发展，现在幼儿的语言发展要强于过去幼儿的语言发展，主要原因是在教育条件方面有所差异。

（二）成人语言观的影响

语言观是指人们对于语言的认识、情感和审美情趣等有关语言的一系列态度和看法。任何一种语言观都有着丰富的文化内涵，受制于诸多文化因素。成人的语言观可以体现在对待口语和书面语的态度上，对待母语和外语的态度上等，这都对幼儿的语言学习具有一定的影响。语言观对于幼儿语言习得常常会产生重要的影响。

思考与练习

1. 幼儿语言教育是一门怎样的学科？
2. 影响幼儿语言发展的因素有哪些？

专题二
0～3 岁婴幼儿语言的发展与教育

学习目标

1. 了解 0～3 岁婴幼儿语言发展的目标。
2. 了解 0～3 岁婴幼儿语言发展的特点。
3. 掌握 0～3 岁婴幼儿语言教育的原则。

情境案例

3 岁 9 个月的丁丁在一次体检的时候被护士采了指尖血。回到家后，他拉着妈妈的手说："妈妈，下次不要带我去'打血针'了。"妈妈没有理解丁丁的意思，就以为丁丁不喜欢拍写真(前几天刚去拍了生日写真)而且还误用了动词。妈妈对丁丁说："是拍写真，不是打写真。"不料，丁丁面露着急的神色，他伸出手指一本正经地说："不是！不是！就是用针戳这里。"这时候，妈妈才恍然大悟：原来丁丁把采指尖血形象地命名为"打血针"。丁丁认为护士用针戳手指就像打针一样，因为血流出来了，所以叫"打血针"。

3 岁之前的婴幼儿在语言发展过程中会呈现许多的特点，有一些独特的表现形式。此案例对你有哪些启发？

____

____

____

学习笔记

本专题思维导图

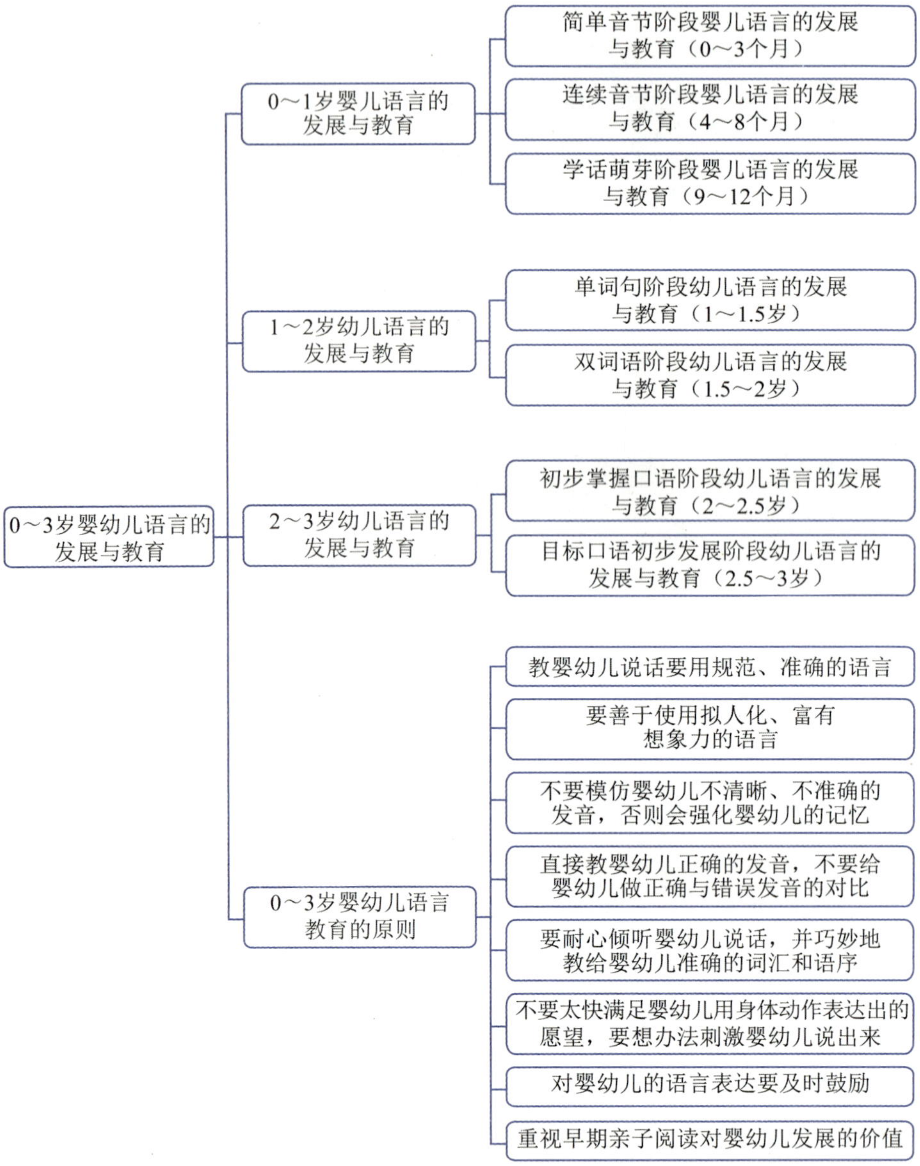

0～3 岁是婴幼儿发展最为迅速和关键的时期，他们在心理、动作、语言等方面的发展突飞猛进。3 岁前语言的发展对婴幼儿的成长意义重大。0～3 岁的婴幼儿语言的发展是一个连续的、有顺序的、有规律的过程，也是不断地由量变到质变的发展过程。幼儿语言的发展通常以幼儿能说出第一批真正被理解的词开始。据此，我们把幼儿语言的发展划分为两大阶段：语言准备期(0～1 岁)和语言发展期(1～6 岁)。本专题将要讨论的 0～3 岁婴幼儿，正好处于这两大阶段。

学习笔记

学习主题 1
0～1 岁婴儿语言的发展与教育

婴儿自呱呱坠地起便开始学习语言。从出生到 1 岁左右的语言学习，为正式的语言应用做好了准备。可以说，出生后的第一年是语言发生的准备阶段，也是语言发展的重要的储备时期，我们称这一阶段为前言语阶段。

一、简单音节阶段婴儿语言的发展与教育(0～3 个月) >>

婴儿的发音是从发射性发声开始的，哭是婴儿第一个月主要的发音方式。在这个月内，婴儿学会了调节哭的音长、音量和音高，能用几种不同的哭声表示他们的不同要求。

(一)语言发展的特点

1. 听觉较敏锐，对语音较敏感，具有一定的辨音水平

婴儿刚出生时，他们对环境中的各种声音非常感兴趣。婴儿最先运用他们的听觉器官去捕捉周围的各种信息，并且能够迅速地学会如何捕捉话语声音的方法，听觉已经相当敏锐。

(1)婴儿首先学会区别语音和其他声音

出生 12 天的婴儿能以目光凝视或转移、停止吮吸或继续吮吸、停止蹬腿或继续蹬腿等身体行为，对说话声音和敲击物体声音的刺激做出不同的反应。这说明婴儿已经具备了将语音从其他声音中分化出来的基本能力。

(2)婴儿获得辨别不同话语声音的感知能力

出生 24 天的婴儿能够对熟悉的声音(如父母的声音)和不熟悉的声音做出明显不同的反应。不同人说话声音的差别主要表现在说话时的音高、音量和音色方面。每个人说话时具备由特定的音高、音量和音色综合而成的语音轮廓。婴儿感知语言时能够较早地辨别这种轮廓性的差异。

以上这些均表明，婴儿敏锐的听觉反应和对人类语音特别感兴趣的反应，是一种与生俱来的生物学现象。

2. 与成人进行面对面“交谈”时，婴儿会产生交际倾向

婴儿的前言语交际在出生后不久便开始了。出生 1 周至 1 个月期间的婴儿，已经能够用不同的哭声表达他们的不同需要，吸引成人的注意，这可谓前言语交际的第一步。大约 2 个月时，婴儿会在生理需要达到满足之后，对成人的逗弄和语言刺激报以微笑，或用声音或身体的同步动作反应予以应答，好似在和成人“交谈”。

3. 能发出一些简单音节，多为单音节

2 个月时，婴儿出现了“喁喁”作声的情况。他们在睡醒之后或吃饱、穿暖躺着时，会发出愉快的自言自语的声音。此时，婴儿基本韵母发音较早，声母还很少，主要发出“h”音，有时会发出“m”音。

学习笔记

2 个月之后，婴儿的语音模仿能力开始有所发展，尝试模仿语音的现象时有出现，有许多音听起来似乎就是语音了。3 个月时，婴儿会张嘴发出“a”音，还会发出“o”“e”这样的元音。有时还会出现与成人咿呀对话的现象，可长达数分钟。伴随着模仿和“对话”，母语对婴儿的影响也就开始了。

（二）语言教育活动

1. 用各种语音和声音来刺激婴儿

罗斯等人和威斯伯格的研究表明，成人对 3 个月以内的婴儿给予频繁的语言刺激，可以提高婴儿的发音率。① 婴儿的许多非自控性发音，特别是长时间的连续发音，往往都是在成人的逗弄下发出的。这说明成人对婴儿发音的反应，已经对婴儿的语音发展产生了影响。成人在与婴儿的身体接触时应尽量和婴儿说话，这种简单而又始终如一的谈话，对婴儿语言的发展起着非常重要的作用。因此，与婴儿的语言交流最好是双向的，即对婴儿说话并对他们的发音行为进行应答。若只是单向的语音输入，如让婴儿听电视节目中的声音等，只会对婴儿的语言发育有抑制作用。

2. 多抚摸、拥抱婴儿，并和婴儿进行面对面的语言交流

抚摸、拥抱、亲吻这种亲密的身体接触，会使成人和婴儿之间产生互相依恋的情感，使婴儿产生安全感。成人应对婴儿多说话，拥抱、抚摸婴儿，这种亲密无间的“皮肤交流”，对其最初的健康成长是非常重要的。研究表明，拥抱和抚摸能够促进婴儿迅速增长体重，使婴儿对外界事物充满好奇并对各种行为迅速做出反应，其中包括对成人的语言做出各种反应。面对面的语言交流可以帮助婴儿对语言和动作建立同步反应，提高婴儿在前言语阶段用语音伴随表情或动作去代替语言与人进行交往的能力。

3. 睡前倾听乐曲，训练婴儿有意识的倾听能力

成人让 0～3 个月的婴儿睡前倾听节奏舒缓、旋律优美的乐曲，不仅可以刺激他们的听觉器官，促进大脑机能的发展，而且可以充分发挥其无意注意和无意记忆的优势，在调动婴儿愉悦情绪的同时，更有效地提高婴儿有意识的倾听能力。

4. 开展早期阅读，初步激发婴儿阅读的兴趣

目前的研究表明，婴儿满月以后，就可以对其开展阅读教育，促使其产生早期阅读的兴趣和行为。成人可以给婴儿选择一些适合这一年龄阶段的读物，如图片、图形、脸谱等，背景要简化，不要太复杂，色彩对比度要强烈，主要认知物要突出、明朗，图书页面最好是大 16 开的。成人可边指导婴儿观看画面边用语言进行讲解，采取“点读”的方法，用手指点着画面或文字，指到哪儿就读哪儿，促使婴儿的注意力集中于阅读的内容。每次阅读的时间 1～3 分钟不等，阅读内容不必频繁更换，视婴儿的兴趣而定。

5. 进行早期的语言亲子游戏

早期的语言亲子游戏很多，操作起来也是简单易行的。例如，成人可以和婴儿玩“婴儿模仿秀”的游戏，即让婴儿躺在床上，成人从不同方向发出各种声音，如摇铃铛、拍手、敲铃鼓、模仿小猫“喵喵”或小鸡“叽叽”的叫声逗弄婴儿，观察

① ［美］R. M. 利伯特等：《发展心理学》，刘范等译，299～300 页，北京，人民教育出版社，1983。

婴儿对各种声音的反应。还可以在给婴儿穿衣、喂奶、洗澡时，都以亲切、温柔的口吻结合正在做的动作跟婴儿讲话，如“穿衣服啦”“喝奶了”“洗一洗，真干净”等。这些游戏都可以锻炼婴儿的语音感知能力。

学习笔记

二、连续音节阶段婴儿语言的发展与教育(4～8 个月) >>

(一) 语言发展的特点

1. 经常发出连续的音节

大约从 4 个月起，婴儿的发音出现了明显的变化，增加了很多重复的、连续的音节。一方面，婴儿的发音行为较多的是对成人的社会性刺激做出的反应；另一方面，婴儿的发音内容大多以辅音和元音相结合的音节为主，并且有一个从单音节发声过渡到重叠多音节发声的过程。

4～8 个月时，婴儿开始发声时大多为单音节，6 个月之后，出现了较多的重叠性双音节和多音节。自 6 个月之后，婴儿开始有近似词的发音，有的音开始具有某种意义。婴儿独自玩耍的时候，或对成人的逗弄做出反应的时候，他们会发出更接近说话的声音，如“ba—ba—baba”，这些与言语多音节组合非常相似的发声，是婴儿从表示愉快舒适的单音发声向表示具体意义的词语发声的过渡。

2. 与成人交往中出现学习交际规则的雏形

在产生交际倾向后，婴儿的前言语交际进入一个似乎在学习基本交际规则的阶段。大约 4 个月大的婴儿，在与成人的交往中会开始出现这样的变化。

①对成人的话语逗弄给予语音应答，仿佛开始进行交谈。

②在用语音与成人“对话”时，婴儿出现与成人轮流“说”的倾向，即成人说一句，婴儿发几个音，待成人再说几句，婴儿再发几个音。这种语言交往的对话规则的雏形，表明婴儿开始敏锐地感觉到人们语言交往的基本要求。

③当成人和婴儿之间的一段“对话”结束之后，婴儿会用发一个或几个音来主动地引起另一段“对话”，从而使这种交流延续下去。

④婴儿在 4～10 个月时，会逐渐学会使用不同的语调来表达自己的态度，而这种表达方式往往伴以一定的动作和表情。例如，用尖叫声或急促上扬的语调伴以蹬腿、伸手的动作，表明自己不愿意躺下的态度；当目的达到、要求得到满足之后，婴儿便会用平静温和的语调或表情表示出愉快之情。应该说，此时婴儿的前言语交际已有明显的“社会性”成分。

3. 能辨别一些语调、语气和音色的变化

这一时期的婴儿正处于辨调阶段，能区别出男人和女人的声音、熟悉和陌生的声音、愤怒与友好的声音，如婴儿能区别出母亲和其他人的声音。需要特别指出的是，这个时期的婴儿对区别语义的字、词、声调并不敏感，而对母亲或其他人说话时表现情感态度的语调十分敏感，能从不同语调的话语中判断出交往对象的态度。当母亲用愉快的语气与婴儿说话时，语调出现升扬的变化，4 个月的婴儿便能用微笑的表情和“喁喁”作声的方式做出反应。对熟悉的声音婴儿会报以微笑，而对陌生的声音，则会瞪大眼睛仔细聆听，表现出好奇。由此可见，婴儿在整体感知语音时能分辨出不同语调、语气和音色，这表明其“理解”语言的水平又

学习笔记

提高了。

4. 懂得简单的词、手势和命令，理解具有情境性

由于成人不断地给予婴儿语言刺激，此时的婴儿已能听懂成人日常生活中的很多语言，能辨别家里人不同的称谓，会指认一些日常物体。婴儿此时的理解具有很大的情境性。婴儿往往并不能真正懂得成人话语的真正含义，而是根据成人说这些词时的不同语调和手势做出判断。

5. 出现“儿语”，会用语音来吸引别人注意

这一阶段婴儿开始说一些形式相当复杂而又独特的令成人难以听懂的“儿语”。这些“儿语”，听起来似乎含有提出问题、发出命令和表达愿望等不同意思，但具体是什么谁也听不懂。当把同龄婴儿放在一起时，则会发现他们用难懂的“儿语”交谈得很愉快。其实，这是婴儿在语言真正产生之前的最后的准备性练习。在婴儿独自玩耍的时候，成人还会听到婴儿在悄悄地练习一些发音，试图把嘴部运动和某种语音联系起来，甚至用语音来吸引别人注意。

（二）语言教育活动

1. 继续坚持用语言刺激婴儿，模仿学习发音

成人每天应与婴儿多讲话，既能传递成人对婴儿的爱，又能使婴儿近距离地观察成人讲话时的口舌部位的运动，以便婴儿模仿发音。谈话时要注意使用柔和的声音和不同的语调，最好伴以不同的手势。每次说出的词和使用的声调要与所运用的手势相对应，始终如一，便于婴儿记忆。如每次说“再见”时都是挥挥小手，而不是抓抓小手，这样婴儿才能辨认并学会这个词。

2. 用强化、鼓励等方法诱导婴儿发音

研究表明，如果成人对婴儿发出的每一个音都报以微笑、爱抚的话，那么，婴儿在咿呀学语期所发出的语音就会显著增多，学习语言的速度也会明显增快。另外，当成人坐在婴儿身边时，可以给婴儿制造一些机会让其先说，婴儿往往会用尖叫、发出语音或者伸出小手、踢腿、蹬脚等行为来吸引成人注意，成人应立即重复婴儿发出的语音或者用声音来回应。通过这种强化和鼓励，婴儿将很快学会用动作或声音来对成人“发号施令”。另外，成人也可以与婴儿面对面，用愉快的语气与表情发出“啊—啊”“喔—喔”“咯—咯”“爸—爸”“妈—妈”等重复的音节，吸引婴儿注意成人的口型，每发一个重复音节应停顿一下，给婴儿模仿的机会。

3. 用动作配合法和实物配合法，建立语音和实体之间的联系

动作配合法是指在与婴儿进行日常“交谈”时，一定要配合一定的动作，并且同样的话要配合同样的动作，这样婴儿将会较快地配合动作学会发出相应的语音。如扶着婴儿站起来时，要说“站起来”，婴儿很快就会将“站”这一动作和“站”的语音联系起来。

实物配合法是指在对婴儿说某个物体时，或婴儿发出某一语音时，成人同时指点婴儿看具体的实物。这种方法能产生较好的教育效果。如在婴儿吃饭时，成人可以拿着调羹对婴儿说：“宝宝看，这是调羹。我拿调羹喂宝宝吃饭。”

4. 初步养成倾听文学作品的习惯

婴儿是生活在社会中的人，他们的语言发展，包括对多样化语言的适应能力、理解能力和运用能力等，都是在日积月累的过程中不断发展起来的。假如婴儿从小只与父母交谈，学会的仅仅是与家人交谈的语言，那么，他们今后在语言交往和正式语言学习时很有可能产生“语言障碍”。文学作品的语言往往是艺术结构语言的产物，是婴儿进一步学习说话的较成熟的语言样本之一，这些样本可以被婴儿记忆或模仿，为扩展婴儿的词汇量、丰富语言内容奠定基础。从第 4 个月开始，可以每天给婴儿念 1～2 首儿歌，每首儿歌重复 3～4 遍。婴儿喜欢听节奏明快的儿歌，成人要多给婴儿念短小、朗朗上口的儿歌，并配以形象的动作。例如，“小娃娃，嘴巴甜；喊爸爸，喊妈妈；喊得奶奶笑掉牙”。

5. 和婴儿进行“平行”的亲子阅读，初步培养良好的阅读习惯

当婴儿会坐以后，父母可以抱着婴儿坐在自己的膝盖上，和婴儿进行“平行式”的阅读，即父母和婴儿共同看着画面，让婴儿自由接近阅读内容。可以给婴儿选择大 16 开的、画面色彩鲜艳的、有少量文字的低幼读物，内容最好是有关动物、人物、玩具和婴儿较熟悉的事物的。对书中的文字和画面采取“点读”的方式，以训练婴儿手眼协调能力和有意注意的能力。

三、学话萌芽阶段婴儿语言的发展与教育(9～12 个月) >>

这一阶段的婴儿所发出的连续音节明显增加，而且不只是重复单一音节，音调也开始多样化。可以说，从这一时期开始，婴儿从咿呀学语开始达到顶峰，处于开口说话的萌芽时期。他们能听懂成人的一些简单语言并做出相应的回应，但对成人语言的理解范围比较有限，也不准确。

（一）语言发展的特点

1. 不同的连续音节明显增加，近似词的发音增多

婴儿开始发出不同的连续音节，并且明显增多，音调也开始明显多样化。具体表现如下：一是本阶段婴儿的发声形式更加接近汉语口语表达，有重叠音和声调，似乎在说某个句子；二是婴儿此时的发音往往是一种固定情境的学说话活动，他们竭力模仿成人的发音，使自己的发音接近某些词语的发音；三是婴儿在这段时间的发音更加复杂多样，有些前阶段没有出现的辅音，如汉语中的“j、q、x、z、s”也开始出现。上述情况反映出婴儿发音器官和脑的成熟变化，生理的发展为他们提供了更大的发出各种声音的空间。

2. 开始真正理解成人的语言

研究表明，婴儿大约在 9 个月时才开始真正理解成人的语言。怎样来判定婴儿是否理解成人的话语呢？往往可以采用“话语反应判定法”，即在自然语境中，如果婴儿对语言刺激能做出合适而又恰当的反应，即可判定婴儿对该话语已经理解。例如，当成人说“妈妈在哪里”时，婴儿能把目光和头转向妈妈或用手指向妈妈，这就是合适的反应。

婴儿大约在 6 个月时，就已产生话语理解的萌芽，到 9 个月后，理解能力迅速发展。到 1 岁时产生理解反应的祈使句和疑问句有 10 个之多。虽然婴儿在此阶段还不能说话，但是婴儿的听觉已经开始语言化了。

3. 语言交际功能开始扩展

10 个月之后一直到 1.5 岁，婴儿的前语言交际具有了语言交际功能。虽然他

学习笔记

们还不会用说话的方式清楚地表达自己的意见，但是已能够通过一定的语音、动作和表情的组合，产生具体的语言意义。具体表现在以下两方面。

(1)能执行成人简单的指令，并建立相应的动作联系

这是婴儿真正理解语言的一种表现。婴儿能够对成人的命令(有时甚至只有相应的情境)马上做出反应。例如，成人说“跟奶奶再见”时，婴儿就会挥挥小手。有时对那些根本不是对他们说的某些语词也会做出反应，如当听到父母对别人说“我们的宝宝已经会对奶奶说再见了”时，婴儿会立即挥动小手做出“再见”的手势。这表明婴儿对某种“交际信号”具有相当稳定和牢固的印象。

(2)能将一定的语音和实体相联系，但缺少概括性

不同的婴儿会用各种经常重复的发音来表达某一种意思。例如，他们会用手指着一辆汽车说“呜呜”，告诉成人这是一辆汽车。需要特别指出的是，这个时期的婴儿会逐步用语音、语调、动作、表情，来达到交际的各种目的。他们的语音、语调、动作、表情实际上已经产生了陈述、否定、疑问、感叹、祈使指令的各种句式意义。婴儿正是在这样的交往过程中，发展起真正的语言交际能力的。

4. 开口说话，出现第一个有意义的单词

大约从 10 个月开始，婴儿会说出第一个有意义的单词，这是婴儿语言发展过程中最为重要的里程碑，也是前一阶段成人辛勤培育的结果。婴儿最初掌握的词语，都与某一特定的对象相联系，与他们每日所感知接受的语言有着必然的联系，具有专指的性质。例如，“狗狗”就是指自己的玩具狗。婴儿一般较早掌握的是具体名词。

（二）语言教育活动

1. 丰富婴儿的生活内容，提供多元的语言环境

生活是语言的源泉，只有丰富的生活才能为丰富的语言提供良好的环境。学习语言要与现实的人、物、大自然、社会现象紧密联系。婴儿通过各种感官直接感知，获得对周围一切的认识，继而发展语言。丰富的语言刺激是婴儿语言发展的必不可少的条件。虽然在婴儿期时的宝宝还不会讲话，但成年人对婴儿的语言刺激是必要的。研究表明，如果婴儿的家庭语言环境较好，那么，他开始说话的时间要比一般婴儿早，语言能力要比一般婴儿强。如果成人能做到如下两点，那么婴儿的语言将会发展得更快、更好：在给婴儿物品时，告诉他这是什么，每次和婴儿在一起时都告诉他正在做什么，玩什么；当婴儿自己游戏时，都给他提供适当的语言环境，根据婴儿直接感知的特点，创造条件，丰富生活内容，在实践中认识世界，发展婴儿的语言。从婴儿一出生，成人就可以把他当作一个能沟通的亲密伙伴。无论是给婴儿洗澡、换尿布、喂奶，还是在做别的事情，都要用清晰的语言告诉婴儿自己在干什么。

2. 鼓励婴儿掌握新的语音，并反复进行练习强化

当婴儿试着学习一种新语音时，一定要及时给予鼓励。如成人可以拍手叫好，亲亲他，摸摸他的头等，这种热情的鼓励将使婴儿很快受到鼓舞。当然，婴儿第一次尝试发新的语音，也许并不准确，成人可以用多种形式示范正确发音，让婴儿及时调整发音，反复练习正确的发音。

学习笔记

3. 在行动中伴随着语言刺激，让婴儿学说话

在活动中成人要和婴儿不断地用语言进行交流，成人应主动地与婴儿交谈，和其讲正在做的事情，讲其想要做的事情等，这不仅能使其说话发音的频率增加，而且可以促进其语言能力不断提高。

4. 开展早期阅读，初步培养婴儿良好的阅读习惯

成人应给婴儿提供阅读的空间和时间，培养婴儿良好的阅读习惯，如教会婴儿拿书的方法，阅读时的正确姿势，阅读后将图书放回原来的位置等。成人可以允许婴儿独立地看书。成人会发现，婴儿一会儿把书拿颠倒了，一会儿又从后向前翻书，一会儿又连翻好几页。此时，成人千万不要因此而制止，这表明婴儿正在“研究”和“探索”书。

学习主题 2
1～2 岁幼儿语言的发展与教育

经历了前面一年的言语准备阶段，幼儿开始正式进入学习口语的时期。伴随着思维能力的发展、运动能力的增强和活动范围的扩大，他们的语言在这个阶段开始逐渐丰富起来。根据幼儿语言发展的基本情况，1～2 岁幼儿语言的发展与教育可以分为以下两个阶段。

一、单词句阶段幼儿语言的发展与教育(1～1.5 岁) >>>

幼儿在 1 岁左右会说出最早的词，这是真正的语言的开始。从 1 岁到 1.5 岁是单词句阶段，前后不超过几个月。在这一阶段，幼儿往往用一个词表示一个句子，我们称之为单词句。虽然幼儿一次只会说一个词，但是他们常常用一个词来表达整个句子的意思，从而起到一个句子的作用。这种词的词义是过分扩展了的。例如，幼儿可能会把所有的有四条腿动物都叫作“狗狗”。不仅如此，他们在不同的情境下还伴随不同的情绪和动作，并且往往用同一个词表达不同的含义。例如，“妈妈”可以表示“这是妈妈”“要妈妈抱”“妈妈帮我捡东西”“我肚子饿了”等；又如，幼儿说的“球球”这个词常常会反映多种意思，有可能是“我要球球”，也可能是“这是球球”，还可能是“球球滚走了”等。这时候幼儿说出的词，并不仅和词所代表的对象发生联系，而且和包括这个对象在内的一种情境相联系。所以，单词句阶段的词所表达的意思是不精确的，比较宽泛，成人常常需要把幼儿说话时附加的手势、表情、体态等作为参考的因素来确定幼儿说话的意思。单词阶段幼儿语言的特点如下。

（一）语言发展的特点

1. 对语言的理解能力迅速发展

在这一阶段，幼儿能听懂的话比他们能说的话要多得多。按照词性的划分，幼儿最先能理解的是名词和动词，这两类也是这个时期的幼儿理解最多的词汇。

名词主要指幼儿生活中熟悉的家用物品、人物的称谓、动物名称和特征较明显的身体器官的名称等。幼儿能理解的动词首先是表示身体动作的，其次是表示事件和活动的。

在单词句阶段初期，幼儿的词汇量较少，仅能说几个词，但随着年龄的增长，词汇量也日趋增加(见图 2-1)。有人研究过 1.5 岁的幼儿最初说出的 10 个词，结果都是些动物、食物、玩具的名称。在他们最早习得的 50 个词中，范围已扩大到人体器官、衣服、家庭用具、运载工具、人物等方面，但没有出现过像“纸尿裤”“裤子”“汗衫”之类成人经常使用的词。一般而言，幼儿说出的词是他们直接摸到的、玩过的东西的名称。而对于立在那里不动的东西如家具、树木或商店，幼儿是叫不出它们的名称的。

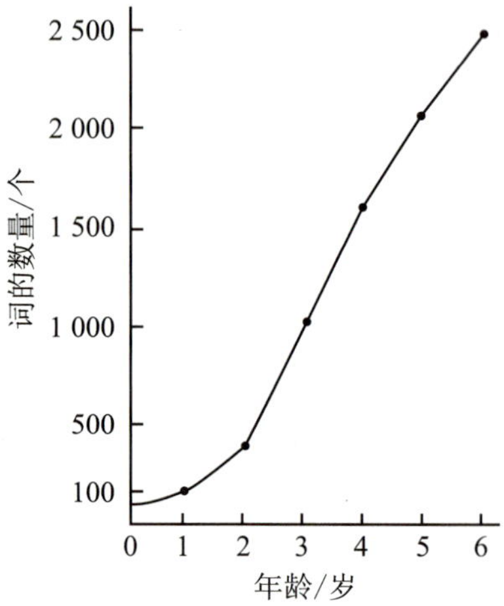

图 2-1　词的数量随年龄而增长

学习笔记

2. 会给常见的物体命名

在词汇能力方面，以音代物是小于 1.5 岁的幼儿说话的一个明显的特点。例如，把“狗”称作“汪汪”，把“猫”称作“喵喵”，或者用某种声音来代表人的某种活动，如用“嘘嘘”声代表小便。这种声音固然与成人常对幼儿以声代物有关，同时也和幼儿生活范围的扩大、生活内容不断丰富、认知能力逐渐提高有关。因而，幼儿已会用声响来给日常生活中常见的物体命名。这是因为声音是物体或活动的鲜明特征，容易记住。但是幼儿在命名和使用新词时常常会出现一种词义“泛化”或“窄化”现象。

①词义泛化，又称为词语扩充，即一词多义。这是由于幼儿对词的语义特征掌握过少造成的。例如，幼儿常用“毛毛”代表有皮毛的动物或毛皮做的东西。

②词义窄化，窄化是指幼儿对于词义理解和使用达不到目标语言的现象。例如，幼儿最早理解的“车车”，就是幼儿自己的婴儿车，而不是所有的交通和运输工具；“爸爸”仅仅指的是自己的爸爸。

3. 常用省略音、替代音和重叠音的发音策略

在这个阶段，幼儿具有一个和母语相似而又不完全相同的音位系统。幼儿的发声有明显的旋律和抑扬顿挫的音调变化，听上去很像成人说出的话。他们在发音上常常表现出如下一些特殊的发音策略。

①省略音。省略词首或词尾辅音。例如，把“牛肉”(niú ròu)说成“油右”(yóu yòu)。

②替代音。用浊辅音替代清辅音。例如，把“哥哥”(gē ge)说成“得得”(dē de)。

③重叠音。这几乎被看作幼儿早期语言发展中的一种普遍存在的最重要的现象。例如，把“虾”说成“虾虾”，“包子”说成“包包”等。

（二）语言教育活动

1. 帮助幼儿掌握新词，扩大词汇量

这一阶段幼儿语言学习的主要任务就是学习新词，扩大词汇量，既可以丰富大量的消极词汇(能理解但不会正确使用的词汇)，也可以丰富少量的积极词汇。如果幼儿开始发出的某个单词音不准确，成人既不要批评或打断幼儿，也不要让幼儿一遍又一遍地跟着念，这样做将会使幼儿失去学说话的兴趣。但是成人可以反复地说这个词，这可以为幼儿下一次的模仿做准备。对于幼儿的每一次尝试，无论正确与否，成人都要予以鼓励。

学习笔记

2. 多跟幼儿交谈，提供语言模仿榜样

研究表明，在幼儿所掌握的新词中，约有 2/3 的词是通过父母在日常生活中与幼儿有意或无意地交谈而获得的。喜欢而且善于与幼儿交谈的父母，其子女的语言能力明显高于那些少言寡语的父母所带的孩子。父母和教师语言的规范性、内容的丰富性，都给幼儿提供了模仿的榜样。每当幼儿接触新事物、体验新情感时，都要教幼儿说有关的词语，可以谈谈其看到、听到和做到的事情，还可以谈谈最近发生的或即将要发生的事情，但一定要用短小、简单的句子，千万不要错过跟幼儿说话的机会。对于还不会说话的幼儿，要有意识地引导幼儿学会理解动作语言，为日后的口头表达做准备。当幼儿出现一个比较有特点的动作时，成人要立刻给这个动作命名，并反复强调，幼儿慢慢地就会将这个动作和同时听到的对应的词建立起神经联系，从而理解语言的含义。例如，幼儿听到音乐身体就左右摇摆时，成人立刻对幼儿说这样是在“跳舞”，并夸奖幼儿跳得真好。久而久之，成人让幼儿跳舞，幼儿就会立刻晃动身体跳起舞来。幼儿做出动作时，成人应给予提示。成人做出某个动作时，也应尽量把与这个动作对应的语言用清晰的声音、缓慢的语速告诉幼儿。这样幼儿就能理解更多的动作语言，一旦能开口了，就能说出很多词汇来。例如，爸爸开门时就告诉幼儿“开门，开门，爸爸在开门”；又如，妈妈炒菜时就告诉幼儿“炒菜，炒菜，妈妈在炒菜”等，让丰富的语言时时伴随着幼儿的生活。

3. 利用图书促进幼儿阅读兴趣和阅读能力的提高

亲子阅读不仅能促进幼儿的视觉阅读能力、听觉阅读能力、语言理解能力、语言记忆能力和想象力等的提高，还能促进语言表达能力的不断提高。幼儿最初通过听来储备大量的语言信息，一旦能开口说了，你会发现其所说的内容几乎都是曾经听到过的。经常进行亲子阅读，并将同样的内容反复读给幼儿听，幼儿就能记住那些精练的语言、优美的句子、完整的内容，并模仿着说出来。幼儿在阅读时，常常会自言自语。这说明幼儿已能做到视觉神经中枢与言语神经中枢相协调，输入形象信息与处理形象信息同时并举，从而感受、分析画面内容和了解客观事物。正因为如此，当成人发现幼儿边看边说时，应悄悄地走近幼儿，在其咿呀学语、出言吐字之际，提一些浅显的问题，引导幼儿回答，并丰富和扩充幼儿回答的内容，提高其语言表达和思维能力。

4. 鼓励幼儿多开口，成人要耐心地倾听并予以应答

研究表明，幼儿经常开口的好处有很多。因为幼儿开口说话时，需要脑神经指挥，而说话会给大脑皮层以刺激，使大脑血流量增加，增加大脑的供氧量，从而产生益智健脑的功效。成人要主动提问或创设情境以引导幼儿开口说话，并耐心地倾听幼儿那些难以听懂或啰唆的话语，适时地在词不达意或表述欠佳时，巧妙地予以纠正，以使幼儿的口语表达能力日趋成熟与完善，能说出更为完整、动听的话语来。

二、双词语阶段幼儿语言的发展与教育(1.5～2 岁) >>

这一阶段，幼儿似乎突然开口说话的积极性很高，词语大量增加，出现了“词

学习笔记

语爆炸现象”。词汇量的迅速增长，使幼儿具备了进一步发展口语的能力。

所谓双词句，是指由两个单词组成的句子，如“妈妈抱抱”“爸爸班班”“苹果削”。这些话听起来就像我们发信息时所采用的省略语句。在本阶段初期，单词句仍占主要地位，大约从 20 个月开始，幼儿说话时开始出现双词句，到本阶段后期又出现了复合句。所以，1.5～2 岁的幼儿的语言处在多种句式并存的阶段。常用的句子有单词句(占 1/3)、双词句(占 1/2 以上)、复合句(不到 1/10)。

双词句是幼儿自己创造语言的最典型的样本，一部分双词句是通过模仿或者省略模仿形成的，而多数双词句是在没有“语言样本”情况下独创的。双词句一般是实词组合，主要是名词与动词的组合。大约从 20 个月起，幼儿每个月说的双词句成倍增长，如在 21 个月时幼儿说的双词句是 50 个，22 个月时是 100 个左右，23 个月时是 250～300 个，到 2 岁时则可猛增到近 1 000 个。

开始时，幼儿会把两个单词连起来说，中间还有停顿：“妈妈、饭饭”，再进一步发展为双词句：“妈妈饭饭”。世界上不同文化、不同语言的幼儿，在语言发展的这个阶段的表现都十分相似。他们用双词句指出一个对象(如“看狗狗”)，表明注意到一个对象(如“书在这里”)；表达希望某种东西再次出现(如“要牛奶”)；提醒成人某种重要的东西消失了(如“饼饼没了”)；指出情境的某些关系：动作者与动作的关系(“奶奶开开”)，动作与对象的关系(如“送送妈妈”)，动作者与对象的关系(如“妈妈书”)，动作与接受者的关系(如“给爸爸”)。与单词句一样，幼儿的双词句有时也用来表达各种不同的意思。像“妈妈饭饭”这句话可能被用来表达几种不同的意思，如“饭是妈妈的”“妈妈在吃饭”等。

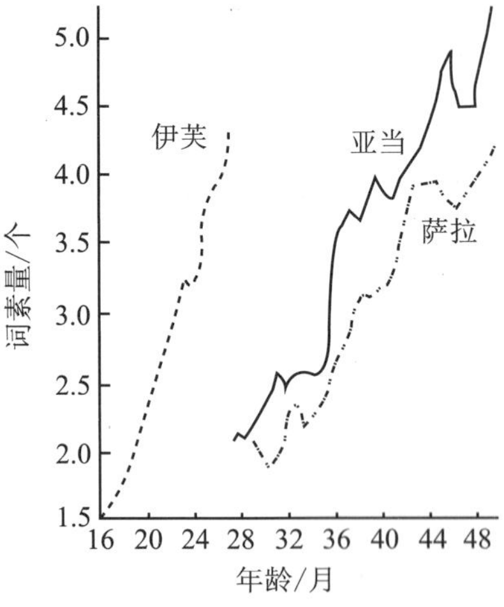

图 2-2　句子的平均长度随年龄递增

幼儿在掌握双词句后，就开始学习语言的句法。吴天敏和许政援的研究表明，在 2～3 岁幼儿的语言中，复合句(如“爸爸走，宝宝睡觉了”“阿姨不要唱歌，宝宝睡觉了”)占 30.5%～42.3%。① 这时衡量幼儿语言发展的一个指标是句子的平均长度(即句子中所用的词或词素的平均数)。随着认知水平的提高和语言复杂性的增加，幼儿所说句子的平均长度也随之增长。这至少反映了其两种能力的发展变化，即产生更长的词语序列的能力和学习更加复杂的语法形式的能力。图 2-2 是布朗研究过的三名幼儿在这方面的表现。②

(一)语言发展的特点

1. 能理解的词汇数目和种类“与日俱增”

随着幼儿的生长，他们能理解的词汇越来越多，每天都在增加新的词汇。幼儿对名词和动词的理解在本阶段是一个飞跃，但其对词义还难以达到完全理解概念的水平，始终在日常词义的范围内，而对科技词义、文学词义则还不能理解。

随着幼儿对词义理解的加深，词的概括性也逐渐形成。例如，幼儿已经由只认识穿红衣服的娃娃，过渡到把穿不同衣服的娃娃都叫“娃娃”，这样“娃娃”一词就由具体的变为概括的了。幼儿对词语的理解不再受物体的非本质特性干扰，变

① 吴天敏、许政援：《初生到三岁儿童言语发展记录的初步分析》，载《心理学报》，1979(2)。
② 彭聃龄：《语言心理学》，258 页，北京，北京师范大学出版社，1991。

得更为准确。

词语对幼儿心理活动和行为的调节作用也日益明显，逐渐能按照成人的指示去支配和调节自己的行为。例如，可以指令幼儿到什么地方去把什么东西拿来，告诉幼儿什么东西不能动以及要求幼儿动作快点或慢点等。

2. 喜欢提问，语言上出现“反抗行为”

这一阶段后期，幼儿开始进入人生第一个反抗期。幼儿在心理和行为上想独立的愿望，表现语言上是出现了有自主性和反抗性的话语。幼儿开始不断地向成人提问，总是要求成人告知其各种事物的有关信息，如名称、特征、用途、构造等，这实际上也是幼儿学习语言的一个途径。幼儿开始学会使用疑问句和否定句，疑问句表现在提问上，否定句则表现在语言的反抗上。如常把“不”挂在嘴边以示拒绝，这是幼儿否定句发展的第一阶段。

3. 掌握新词的速度突飞猛进，处于“词语爆炸”阶段

这一阶段，幼儿的语言表达能力将发生质的飞跃，幼儿的词汇量将以平均每个月说出 25 个新单词的速度递增，幼儿到 2 岁时基本可以说 300 个左右的单词。这种掌握新词速度猛然加快的现象是以后各阶段所不再有的，我们称为“词语爆炸”。

（二）语言教育活动

1. 为幼儿提供良好的言语榜样和言语示范

幼儿的眼睛是摄像机，耳朵是录音机。幼儿身边的人都是他们的老师，“老师”的一言一行、一举一动都会被幼儿“摄录”下来，并成为模仿和学习的主要内容。成人应注意用丰富的面部表情、富有变化的语调、规范正确的发音、多样而又准确的词造句，为幼儿提供良好的语言榜样和语言示范。

2. 主动回应幼儿，对幼儿的提问和讲述要正确对待

幼儿在这一阶段好像成了一个“勤学好问”的人，常常会不断地提问，不断地讲述，仿佛想了解大千世界里的一切问题。这时候，成人千万不能随便打断、斥责或搪塞幼儿，应耐心地回答，认真地面对，激发幼儿的求知欲，保护幼儿的好奇心。

3. 让幼儿倾听文学作品，观看美术片或动画片

每天在一个固定的时间段(如睡前、上午或下午的空闲时间)让幼儿倾听一些优美动听、主题鲜明、短小精悍的故事或儿歌等，这是幼儿学习文学语言的绝佳时机。幼儿比较喜欢反复地听同一个故事，成人可以依据具体情况让幼儿复述故事的大致内容，以便培养其学习兴趣。

成人还可以选择一些轻松活泼、画面优美的美术片或动画片和幼儿一同观看。这样既可以从更广阔的角度增大幼儿的信息量，扩展其知识面，又可以使幼儿模仿学习人物的对白、旁白及广告语等“电视语言”。成人还可以和幼儿一起回忆动画片，讨论其中的具体情节，从而培养幼儿对动态艺术的观察能力、符号转译能力、故事图式理解能力、追踪活动画面的艺术想象能力。但是，成人特别要注意控制好幼儿看电视的时间。有研究表明，对小于 18 月龄的婴幼儿，屏幕暴露时间越长其表达性语言的发育越差。而对 18～30 月龄和 30～36 月龄的婴幼儿来说，适当的屏幕暴露时间可以促进表达性语言的发育，而当屏幕暴露时间超过 1 小时后则会产生负面效应。①

4. 继续开展早期阅读指导

这一阶段，幼儿读图画书的兴趣较为浓厚。成人应当和幼儿共同阅读，并且一边陪同他们看图画，一边进行相应的讲解。幼儿往往会用心地倾听成人说话，自己也会对着图画指指点点。成人还应创设条件，让幼儿学会独立地阅读，要求幼儿边看边说图书或图片的内容，根据幼儿阅读进展情况适当添加图书，以提高幼儿阅读的积极性。

5. 为幼儿的语言发展提供连续性、一致性的语言环境

现在的家长因为工作忙，常常会把幼儿放在说不同方言的爷爷奶奶、外公外婆家里。对幼儿来说，在养育环境不断变换的过程中，由于接触的语言环境不同(长期处于陌生且不断变换的语言环境中)在一定程度上可能导致其语言发育受到挫折，变得迟缓。因此，建议家长要尽可能地为幼儿的发展提供一致性的语言环境。如果出现类似的语言发育迟缓的情况，家长应多了解幼儿的想法和语言表达习惯，给他们提供一个顺畅的语言交流环境。

学习主题 3
2～3 岁幼儿语言的发展与教育

学习笔记

2 岁以后，一直到入学以前，是幼儿掌握口语的基本阶段。幼儿在掌握语音、词汇、语法和口语表达能力方面都较前一阶段有明显的进步，他们开始逐步用语言来表达自己的需要和情感，用语言来调节自己的动作和行为，他们开始逐步用语言与人交往，语言成为其在这一阶段进行社会交往和思维的一种工具。

一、初步掌握口语阶段幼儿语言的发展与教育(2～2.5 岁) >

这一阶段，幼儿在运用语音和词汇方面有显著进步，能用 3～5 个单词组成的句子来与人交谈，对话变得更加自由与顺畅。同时，他们也开始用比较完整的句子与人交往，并学会倾听别人的讲话，表达自己的要求和愿望。

(一) 语言发展的特点

1. 基本上能理解成人所用的句子

2～3 岁是幼儿词汇量迅速增长的时期，也是幼儿对语言的理解能力迅速提高的时期，幼儿能理解的词汇超过 900 个，几乎所有的词类，如方位词、感叹词、语气词等，在其语言表达中基本能得到熟练运用。词的泛化、窄化和特化现象明显减少，对词义的理解也日益接近成人用词的含义。词的概括性程度进一步提高，对有些词(如“树”“花”等)已能理解为代表一类事物的词，除了能叫出自己家附近的树和花的名字，还能在外面主动说出他们所熟悉的树和花的名字。对某些词汇在理解上还具有直接性和表面性。

① 徐明玉、任芳、沈理笑等:《屏幕暴露对 0～3 岁婴幼儿语言发育的影响》，载《临床儿科杂志》，2019(2)。

学习笔记

2. 语音逐渐稳定和规范，发不出的语音逐渐减少

由于发音器官逐渐成熟，幼儿在发音方面的困难日渐减少。发唇音已基本没有困难，但凡是需要发舌头参与的音(舌尖音、舌面音、舌根音等)，还存在不同程度的困难，尤以舌尖音突出，如“zh、ch、sh、r”等，少数极个别的幼儿发“g、k、h、u、e”等音也有困难。

3. 能运用多种简单句句型，复合句也初步发展

在幼儿所使用的句子中，简单句占大多数，占 90%左右，复合句占 10%左右。简单句句型较多，主要有主谓结构和主谓补结构两种类型。幼儿使用的复合句大多是不完全复句，是省略连词的简单句的组合。句子的含词量也在不断增多。幼儿在 25～27 个月大时能说出三词句，28～30 个月大时能说出四词句，有个别的幼儿还能说出五词句、六词句。这个阶段的幼儿虽然在使用句子方面有明显的进步，但是表达水平仍然不高，尚处在情境语言阶段，说话时多用些不连贯的短句，辅以手势、动作和面部表情，这种情境性语言，对于不熟悉情况的人来说，往往是难以理解的。

4. 疑问句逐渐增多

2 岁左右是疑问句的主要产生期。2 岁 4 个月到 3 岁是疑问句的快速发展期。2 岁出现反复问句(以“吗”“呢”“吧”“什么”等结尾)。Who(谁，2 岁出现)；How(如何、怎么，2 岁 2 个月出现)；Where(什么地点，2 岁 3 个月出现)；What(什么，2 岁 3 个月出现)；When(什么时候，2 岁 4 个月出现)；Why(为什么，2 岁 4 个月出现)。这“5W1H”是幼儿使用的疑问句的主要表现形式。

疑问句在幼儿的社会化过程中具有十分重要的地位。提问是幼儿与社会进行信息交换的主要途径。幼儿利用提问获取各种必需的信息帮助；成人通过幼儿对问题的回答来把握幼儿认知和语言发展水平。从某种意义上而言，幼儿能提出什么样的问题和用什么样的方式提出问题，能够理解什么样的问题和理解用什么方式提出的问题，都标志着幼儿的认知和语言发展到了何种水平。幼儿使用疑问句可以逐渐提高自身的理解能力，搜索和重组知识经验的能力，表述自我的思想感情的能力。

5. 常常使用接尾策略

接尾策略是幼儿使用语言时常用的一种策略，即不管实际情况如何，只选用问句末尾的一些词语作答，主要发生在 1.5～2.5 岁，3 岁左右消失。例如，成人问“吃了没有?”(刚吃完饭)，幼儿回答“没有”。成人问：“快收拾好玩具，跟妈妈去玩，好不好?”(幼儿立刻站起来，丢掉玩具，一副要出去的样子)，可成人听到的回答却是“不好”。这些答话与情境不合或前后矛盾，就是幼儿的接尾策略在起作用。

（二）语言教育活动

1. 让幼儿多看、多听、多说、多练

陈鹤琴说：“大自然、大社会是我们的活教材。”①成人可以充分利用自然和社会的点滴资源，培养幼儿的语言能力。成人可以带幼儿去公园、游乐园、博物馆

---

① 陈鹤琴：《活教育的教学原则》，15 页，上海，华华书店，1948。

学习笔记

等地，利用他们感兴趣的对象，在玩的过程中教幼儿认识事物，鼓励幼儿勇于交谈。有时，也可以让幼儿对小动物、植物说话，这样可以从中了解幼儿的内心在想些什么。幼儿的大脑中有了内容，自然会流露出想说的欲望。同时，这些内容也为幼儿的想象插上了美丽的翅膀。

(1)多看

成人可以有计划地带领幼儿直接观察、接触外界事物，积累感性经验；还可以让幼儿通过看图片、图书、电视、电影等获得现实的知识。只有拥有了丰富的生活内容和知识，幼儿才会拥有丰富多彩的语言。

(2)多听

成人应培养幼儿注意倾听的能力，因为这是发展他们口语的先决条件。幼儿学习语言，首先要学会听，只有能够听得准确、听得懂，才有条件正确地模仿——说。可以让幼儿听录音故事，听成人讲故事，邀请同伴进行简单交谈，相互倾听；还可以让幼儿听各种声音，如乐器的声音，自然界的声音(风声、雷声、雨声……)，动物的叫声，生活中的声音(起油锅声、打桩声、各种交通工具的鸣笛声……)等，听后让幼儿模仿、想象。

(3)多说

成人应给幼儿创设说的环境，利用一切环境和机会随时随地与幼儿进行交谈。成人应该尽量使交谈气氛轻松、自由，让幼儿觉得无拘无束，这不仅有利于情感交流，而且有利于幼儿形成对事物的正确态度。成人应注意给每名幼儿提供说的机会，让他们都得到发展。

(4)多练

幼儿期语言教育的主要任务是培养幼儿正确发音，教会他们说话，帮助他们增加词汇量。因为这些内容都得在语言实践中学习、掌握，所以就必须让幼儿采用多种方法反复练习。

2. 鼓励幼儿与同伴自发模仿、相互交谈

2 岁以后的幼儿常常会与同伴进行相互间的语言模仿。1.5 岁的幼儿进托儿所后，除了哭叫以外，很少进行自我表达。2 岁以后的幼儿则不同，例如，他们午睡起床后会叽叽喳喳地讲个不停。2 岁以后的幼儿有的会相互模仿，有的会呼唤同伴，有的会小声念儿歌，有的会要求教师帮助，有的会向同伴或教师讲述某个问题，还有的会在集体活动和自由活动中表现出积极说话的态度。同伴间的自发模仿和相互交谈会给幼儿带来许多乐趣，教师应该提倡和鼓励幼儿保持这种积极说话的态度，为其提供相互间语言交往和学习的机会，因为说话和其他技能一样，需要有许多自由实践的机会。

3. 随时随地帮助幼儿正确使用语言

日常生活是幼儿学习语言的基本环境。在这个环境中丰富词汇，发展口语，有很多得天独厚的条件。在日常生活中，幼儿接触的词句都是与具体的事物、动作同时出现的，即物与动作、词与句总是同时作用于幼儿的视觉和动觉，对幼儿来讲，凡是形象具体的事物，都比较便于建立音与义之间的联系，易于理解和掌握。

日常生活中的语言多是常用的、反复出现的，这样易于加深幼儿的印象和理

学习笔记

解。因为所有的词、句都不是听一听、讲一讲就能掌握的，而是要经过反复出现、多次运用之后，才能真正被理解，得到正确使用。成人应善于抓住时机对幼儿进行语言培养。例如，在穿衣时，教幼儿正确说出各种衣服的名称；在盥洗时，教幼儿说出盥洗用具、五官和其他身体各部分的名称；在散步时，主动向幼儿介绍所见到的、能理解的事物，同时丰富其有关词句。

在日常生活中，成人最容易发现幼儿说话中的问题，如发音不准、用词不当、口吃或有语病等。发现以上任何问题，成人都要通过示范予以及时纠正，等到养成不良的语言习惯再予以纠正，就为时已晚了。当幼儿过于压缩句子时，成人可以对句子进行扩充。当幼儿表述不准确、不清楚时，成人一方面应耐心猜测其所要表达的意思；另一方面也要用恰当的语词来解释其行为，用正确、清楚的词句示范讲述。

4. 在家庭中开展丰富多彩的语言游戏

家庭语言游戏活动的一大优势就是，在把握幼儿语言学习的发展规律和敏感期的前提下，成人可以根据幼儿的喜好和兴趣特点为幼儿选择其更喜欢的游戏内容，充分地尊重幼儿的学习风格和喜好，使其在欢乐愉快的游戏过程中轻松地增加词汇量。① 同时，成人也可以通过游戏让幼儿练习说话。例如，成人可以在幼儿自由玩耍时，询问他们在玩什么东西(说出物体的名称)，在做什么事情(说出自己的动作或活动内容)。成人可以扮演游戏中的一个角色与幼儿对话，如玩“扮家家”；可以扮演孩子，让幼儿当“爸爸”或“妈妈”，“孩子”故意向“爸爸”或“妈妈”提出许多要求，让幼儿在用语言处理和满足“孩子”的要求的过程中练习说话；也可以设计专门的游戏，让幼儿练习发音。

5. 组织多种形式的语言教育活动

语言教育活动是指有目的、有计划、有组织地进行集体语言教育的活动。设计这类教育活动的出发点应是本班幼儿语言发展的一般水平，想要达到的语言发展目标是大多数幼儿力所能及的。语言教育活动的组织形式应多种多样。语言教育活动的主要类型有倾听、表述、欣赏文学作品、听说游戏、早期阅读等。

二、目标口语初步发展阶段幼儿语言的发展与教育(2.5～3 岁) >>

在这一阶段，幼儿的单词句、双词句这类特殊语言成分已经大大减少，语言发展已经进入目标语言的轨道。幼儿已经掌握了基本语法规则，具有了一定的词汇量和一定的语言运用技能，可以简单解释词语，而且语感已开始形成，并能运用语言进行一般日常交际。

(一)语言发展的特点

1. 词汇量迅速增加，对新词感兴趣

幼儿到了 3 岁左右，随着其好奇心、求知欲的发展，开始变得好问，对新词表现出较大的兴趣。他们总喜欢问“这是什么”或“为什么”之类的问题，并能从成

① 李佳洋、刘文利：《家庭语言游戏干预对 0～30 个月婴幼儿早期词汇量发展的个案研究》，载《教育生物学杂志》，2019(1)。

学习笔记

人的答案中学到许多新词。在 3 岁的时候，幼儿使用的词汇量是 2 岁时的 3 倍。也就是说，这一阶段仍然是幼儿学习和不断使用新词的阶段。

3 岁的幼儿开始会用人称代词，其中最常见的是"我"和"我的"这两个代词，说明他们仍然是以自我为中心的。

这一阶段的幼儿逐渐喜欢听故事并能理解故事的简单情节，对文学语言也非常感兴趣，并且愿意模仿。幼儿往往可以不厌其烦地反复听一个故事，开始喜欢朗诵短小的儿歌。这些新的兴趣和爱好，为幼儿学习知识、练习清楚地说话，都提供了极为有利的条件。

2. 能说出完整的句子，出现了多词句和复合句

这一阶段的幼儿，不仅词汇量丰富了，而且能说出完整的句子。他们能从成人所说的词语中推断出语言的规则，掌握语法和句子结构的基本要点。到了 3 岁的时候，幼儿说话的方式基本上和成人差不多了，其日后说话的基础已初步奠定。有研究表明，说汉语的幼儿的语用交流清晰度在 14～32 个月呈上升趋势，并在 3 岁前达到对交流对象基本可理解的状态。[①] 在口语表达方面，幼儿开始能用完整的句子与人交往，表达个人的要求和愿望，句子的含词量有 5～6 个单词。在他们所使用的句子中，陈述句占绝大多数，经常出现的复合句已占总句数的 1/3 以上，其中联合复句在 2.5～3 岁阶段占绝对优势，占 60%～90%；偏正复句占 10%～30%。联合复句中并列复句(如要……还要……，有……还有……)的使用频率居第一位，但随着年龄的增长而逐渐降低；其次是连贯复句(……和……，……也……)，递进复句(不但……而且……，先……再……)和选择复句(或者……或者……)。从总体上看，幼儿对联合复句的理解优于偏正复句。在偏正复句中，常见的是因果复句(反正，其实，原来，因为……所以……)；还有转折复句(只好，那么，非要，偏要等)和条件复句(要是……就……)。目前对幼儿的偏正句使用的研究还较少，幼儿偏正复句的发展状况如何，尚需进一步研究。

3. 说话不流畅，表达常有"破句现象"

这一阶段，幼儿经常会出现说话不流畅的现象，有时结结巴巴的；有时一句话的破句现象严重，显得气喘吁吁的，往往在不该换气的地方换气，使人担心他们是否口吃。实际上，幼儿在这个阶段说话不流畅不一定是他们语言上的缺陷。他们虽然学到了许多新词，但是要把这些词有条理地组织成句子说出来，仍有一定的困难。因为他们思维的速度往往超过他们说话的速度，说话跟不上思想，想说的东西太多，一下子又选不到恰当的词，但又很心急地想要说出来，所以说话变得不连贯，表现得犹豫不决或经常重复同一个单词或语句。这种情形看起来好像口吃，但对 3 岁的幼儿来说，说话不流畅、重复都是正常的、自然的现象。成人要是对此处理不当，反而会引起他们语言发展上的危机，语言发展的缺陷也就会在这个时期出现。

（二）语言教育活动

1. 提供丰富的语言学习环境，丰富幼儿的语言经验

除了在家中为幼儿提供丰富的语言刺激外，成人还应带幼儿去不同的地方(例

---

① 周兢：《从前语言到语言转换阶段的语言运用能力发展——3 岁前汉语儿童语用交流行为习得的研究》，载《心理科学杂志》，2006(6)。

如，公园、商场、超市等），让幼儿接触各种各样的场合，为幼儿语言的学习和运用提供丰富的素材。

学习笔记

2. 欣赏文学作品，重复和理解作品内容

文学作品是促进幼儿语言发展的重要手段。它可以让幼儿学习文学语言，丰富幼儿的词汇量，提高幼儿的倾听能力。儿歌、故事一类的幼儿文学作品，采用的都是经过作家提炼加工的文学语言，具有生动、形象、节奏感强等特点，易于被幼儿理解和接受。文学语言的早期输入，有利于提高幼儿对语言艺术的兴趣和敏感性。

(1)以感受为主

俄国的别林斯基说过："儿童文学正面的直接的影响，都应当集中于儿童的感性，而不应当集中于他们的理性。"也就是说，要反复地让幼儿欣赏、感受儿童文学作品中美的语言、美的情节、美好的主题、美好的生活。幼儿往往很喜欢反复听同一个故事，百听不厌正基于此。

(2)复述

复述是幼儿学习、重复和模仿文学作品的表述语言、再现文学作品的一种手段。它可以加深文学作品的教育效果，促进记忆、思维和连贯性言语的发展。

复述不是重复讲述完整的作品，有时可以是重复地说一个优美的词或一个句子，有时可以是重复地说幼儿感兴趣的一段话。成人可以让幼儿反复地听，反复地说，也可以用表演的方式来帮助幼儿再现作品的有关内容。

3. 组织幼儿进行谈话活动

谈话是幼儿学习在一定范围内用语言与人进行交流的活动。谈话时，幼儿常常围绕一个中心话题，运用已有经验，在一起宽松自由地交谈。话题常常是交谈的中心和主线。这一阶段的幼儿主要使用的是对白语言，其独白语言发展较慢，尚不能独立叙述一件事情，所以交谈往往采用的是对白语言。由此可见，组织谈话活动是促进幼儿语言发展的较好方式。成人可以和幼儿进行随机的日常谈话，也可以有目的、有计划地组织集体谈话活动。

学习主题 4
0～3 岁婴幼儿语言教育的原则

一、教婴幼儿说话要用规范、准确的语言 >>>>>>>>>>>

成人不要跟婴幼儿说"儿语"（或称"奶话"），而要用规范的语言。从婴儿一出生，我们跟其讲话就要力求准确、规范，包括正确使用量词、副词、动词、形容词等。例如，"一枚硬币"不要说成"一个钱钱"，"三辆公共汽车"不要说成"三个大车车"。

很多成人以为，婴幼儿还小，只有说儿语他们才听得懂，于是便把"牛奶"叫

学习笔记

"牛牛"，把"奶粉"叫"粉粉"或"奶奶"，把"猫"叫"咪咪"，把"小便"叫"嘘嘘"，把很多不同的车统称为"车车"。久而久之，婴幼儿也就这么学了。其实，婴幼儿的学习能力是非常强的，只要教他们规范、准确的词，他们就能学会规范、准确的表达方式。儿语的危害体现在以下两个方面。

第一，教婴幼儿错误的表达方式会浪费婴幼儿的学习时间。一位妈妈在逗 1 岁 3 个月大的孩子，她问："'嘟嘟'在哪里?"孩子指了指嘴巴，妈妈给予夸奖。又问："'高高''丫丫'在哪里?"孩子不知道，妈妈指着孩子的脚说："这个就是丫丫。"然后又问："'高高'在哪里?"孩子一副茫然的表情，妈妈就指着孩子的鼻子说："'高高'在这儿!"这实在是一种错误的表达方式，孩子花时间学会的也是错误的，以后还得再花时间重新学习"嘴巴""脚""鼻子"这样正确的语言，结果事倍功半。

第二，不规范的语言会影响婴幼儿与他人的交流。家长如果使用不规范的语言教婴幼儿，那么只能形成婴幼儿与家长之间的语言默契，但是，当婴幼儿跟他人交流时，大家不易明白他们的意思，就会影响婴幼儿与他人的交流。长此以往，将影响其性格，以及人际交往、语言表达能力等。

其实，成人长期教婴幼儿说儿语，今后还可能会发生连自己都听不懂婴幼儿在说什么的情况，到那时就要自食其果了。比如，成人教婴幼儿把"牛奶"叫"牛牛"，把"奶牛"也叫"牛牛"，那么，当婴幼儿说"牛牛"时，你知道婴幼儿说的是"牛奶"还是"奶牛"呢？你教他把"撒尿、小便"叫"嘘嘘"，你告诉他"安静、小声点"时也说"嘘嘘"，那么当婴幼儿对你发出"嘘嘘"声时，你知道他是想撒尿还是要你安静呢？每样东西都有它确切的名称，每种行为、表情、动作等也有不同的词来表示，教婴幼儿说话时就要仔细分清，是什么就教什么，切忌用另外的词来替代，切忌统统"打包"为一个词，弄得概念模糊，影响婴幼儿的理解力和表达能力的发展。

二、要善于使用拟人化、富有想象力的语言 >>>>>>>>>>

成人和婴幼儿讲话要多使用"拟人化"的语言，婴幼儿的语言表达就会显得生动、有趣且富有想象力。

所谓"拟人化的幼儿语言"不同于"儿语"，它是符合婴幼儿心理、易于理解的、充满童趣的语言。例如，婴幼儿不想睡觉，还想玩玩具，成人就可以对婴幼儿说如下句子。"哦，你看玩具已经陪宝宝玩了好长时间了，它们都已经很累、很困了，没有力气了，宝宝送玩具回家睡觉好不好？我们让玩具好好休息，明天再跟宝宝玩啦!""哇，玩具好高兴，它们都说'谢谢宝宝'啦!""来，我们一起把玩具轻轻地放回去，跟玩具说晚安!""啊，宝宝真乖!"在谈到太阳、月亮的话题时，成人可以说："太阳公公白天上班，晚上睡觉；月亮婆婆晚上上班，白天睡觉。"或者说："太阳公公上白班，月亮婆婆上晚班，所以，每天晚饭后，月亮婆婆就会赶紧跑出来换班了。""月亮婆婆对太阳公公说：'啊，您辛苦了！快回家好好睡一觉吧!'太阳公公就会笑眯眯地回家休息了。"还可以说："太阳公公很辛苦，白天要使出全身的力气，发出光和热，帮助小朋友、小草、小树、小动物们长得高高的，还给我们带来温暖，所以，我们要谢谢太阳公公哟!""月亮婆婆工作也很辛苦，晚上小朋友们都睡觉了，月亮婆婆还要忙着去看望每一个小朋友，她要认真地看看哪个小朋友睡觉最乖，会悄悄地亲亲乖宝宝，还会送给乖宝宝一个很美很甜的梦哦！”

学习笔记

三、不要模仿婴幼儿不清晰的、不准确的发音，否则会强化婴幼儿的记忆 >>>>>>>>>>>>>>>>>>>>>>>>>>>>>>>>

婴幼儿学说话的过程中肯定会出现口齿不清、发音不准的情况，如把“吃饭”说成“七饭”，把“哥哥”说成“得得”，把“妈妈”叫“咩咩”等。有些成人觉得好玩，就学婴幼儿说“七饭”“得得”“咩咩”。殊不知，这样做会传达给婴幼儿一个错误的信息——这样说是正确的，并且还是受欢迎的，可以逗乐别人的。那么，婴幼儿就会更加积极地如此表达，结果就阻碍了婴幼儿的语言发展。

四、直接教给婴幼儿正确的发音，不要给婴幼儿做正确与错误发音的对比 >>>>>>>>>>>>>>>>>>>>>>>>>>>>>>>>

当婴幼儿发音不准的时候，有些成人喜欢给婴幼儿做对比发音，以使其能够进行辨别，然后找准正确的发音。他们会对婴幼儿说：“宝宝，不是‘七饭’是‘吃饭’。”其实，这样的方法非常不符合婴幼儿的心理和语言学习模式，尤其是对于初学语言、还不太能理解词义的婴幼儿。

当听到婴幼儿发音不准时，成人不应该批评和责备，而应该立刻反复教其正确的发音，给其以正向的强化。

五、要耐心倾听婴幼儿说话，并巧妙地教给婴幼儿准确的词汇和语序 >>>>>>>>>>>>>>>>>>>>>>>>>>>>>>>>>>>

当婴幼儿结结巴巴、颠三倒四地说长句子，而一时又不能将整句话说完时，成人千万不要着急，更不要打断。否则不仅会影响婴幼儿的口语表达能力的发展，还会伤害婴幼儿的自尊心，削弱婴幼儿说话的欲望和积极性。长此以往，婴幼儿就会怯于表达，严重的还会不愿意说话。

这个时候，成人要面带微笑和欣赏的表情，耐心倾听婴幼儿说完整句话。不要去重复婴幼儿错误的语序和用词，也不要去嘲笑、批评婴幼儿说错话，而要向其说出正确的句子，并让其感觉到这个句子就是自己刚才所说的。比如，婴幼儿说“饼干……嗯嗯……想吃……买的……妈妈我……饼干”，成人要耐心地等待婴幼儿说完后，再用清晰的语言、舒缓的节奏、轻柔的语气微笑着说：“噢，你是说‘我想吃妈妈给我买的饼干’是吗？”其实这句话不是婴幼儿的原话，但“你是说……”这样的用词会让婴幼儿以为“我想吃妈妈给我买的饼干”这个完整的句子就是自己说出来的，认为成人理解了自己的意思，内心就会有成就感、自豪感，有了说话的兴趣，说话的积极性被调动起来了，从而更愿意用语言来表达自己的心思。同时，你的“不露声色”的纠正方式又使其轻松自然地学习了正确的表达法。

六、不要太快满足婴幼儿用身体动作表达出的愿望，要想办法刺激婴幼儿说出来 >>>>>>>>>>>>>>>>>>>>>>>>>>>>

1.5 岁左右是婴幼儿口头语言开始形成的关键期，在这个阶段，成人除了要

学习笔记

多跟婴幼儿讲话、多教其发音外，还要有意识地多刺激婴幼儿，使其产生说话的欲望，给婴幼儿提供语言表达的机会。当婴幼儿有了愿望，还不会说出来，而只用“嗯嗯嗯”的声音加上身体动作来表达的时候，那些跟婴幼儿接触频繁，对孩子十分了解的成人，可能就已经理解了婴幼儿表达不清的意思，于是，他们便会很快地满足婴幼儿的需求。这样做其实会使婴幼儿懒得说话了，从而阻碍了婴幼儿的语言发展。

特别是 1 岁多的婴幼儿，正是想说话却又说不出的时候，恰恰需要成人给予更多的刺激，促使他们用语言表达心中所想。成人要故意装作还没太理解婴幼儿的意思，延迟满足婴幼儿的愿望，促使他们积极调动发声器官与肌肉的力量，尽早完成从动作到语言的飞跃。成人太快满足他们，会导致婴幼儿觉得有动作、眼神就能实现愿望，便不必再费力地用语言表达了。

七、对婴幼儿的语言表达要及时鼓励 >>>>>>>>>>>>>>>

现在，几乎所有的家长都知道要对婴幼儿实行“赏识教育”，要多夸奖、多鼓励，“好孩子是夸出来的”。不过，表扬不要总是笼统地说“你真棒”，年龄越小的婴幼儿，成人对他的表扬越要具体。对待婴幼儿的语言学习也同样如此，要进行赞美夸奖，婴幼儿的语言表达能力就会越来越强。

语言包含很多方面，如音准、用词、语序、音量以及一句话表现出的对人的体贴、宽容、礼貌、孝顺等。表扬婴幼儿说得好，也可以具体到语言的某个方面。比如，当婴幼儿刚刚学会叫“妈妈”时，妈妈就可以夸奖孩子说：“哇，宝宝会叫妈妈了，真棒呀！”“宝宝叫妈妈的声音真好听，妈妈可喜欢了。”婴幼儿也会通过你的表情、动作、音调等感受到你的赞美，就会更加愿意发出这个声音。

如果你切菜的时候，孩子对你说：“妈妈，别切着手！”你就可以夸奖孩子说：“啊，谢谢宝贝的关心，你说的话让妈妈好感动哦！真是个体贴的孩子！来，妈妈亲一下！”大一点的孩子，掌握的词汇更多了，你还可以赞美说：“哇，你这个词用得真好！”“你的意思表达得很清楚，真棒！”“这个形容词用得太棒了！”“这一次宝宝叫人的声音就很大，真棒！”得到这样的夸奖，孩子就会清楚地知道自己哪方面说得好，就会越发在这方面努力表现，语言自然会发展得越来越好。

八、重视早期亲子阅读对婴幼儿发展的价值 >>>>>>>>>

一方面，亲子阅读活动有利于婴幼儿学习新的词汇，提高阅读理解能力。成人可借助绘本为婴幼儿讲解，使他们能接触很多新词汇，能开始理解故事中角色的行为和情感，逐渐理解故事先后顺序和情节的发展，从而提高婴幼儿的理解能力。另一方面，亲子阅读能够提高婴幼儿的阅读兴趣，更有利于他们与成人形成安全的依恋关系。有研究表明，成人陪伴的早期阅读经历对婴幼儿注意力水平和阅读兴趣影响重大。有丰富的早期阅读经验的婴幼儿会与母亲形成安全型依恋关系，在阅读时注意力更集中，对母亲的言语和非言语行为能够做出更多的反馈。

思考与练习

1. 2～3 岁的幼儿语言发展有什么特点？
2. 请针对家长如何促进婴幼儿语言的发展提出合理的教育建议。

专题三
幼儿园语言教育的目标、内容、方法和途径

学习目标

1. 了解幼儿园语言教育的目标。
2. 理解幼儿园语言教育的内容。
3. 掌握幼儿园语言教育的方法和途径。

情境案例

某幼儿园中(3)班的幼儿，语言发展水平明显强于其他两个同年级班。作为中(3)班的班主任，夏老师的秘密法宝是什么呢？我们一起去看看吧！在每周固定的集体教育活动时间，夏老师会带着幼儿在故事中、在谈话中、在语言游戏中、在看图讲述中、在图画书中一起学习语言。除此之外，夏老师还非常注重抓住一切时机锻炼幼儿的语言。例如，晨间活动结束后，夏老师请幼儿自己总结玩得好不好、好在哪里、不好在哪里、以后要注意什么等；区域游戏时间，夏老师会以幼儿的角色参与游戏，引导幼儿学会如何用语言和其他幼儿交往；在过渡环节，夏老师都会带着幼儿玩一些手指游戏；当幼儿之间发生冲突时，夏老师通常是让幼儿自己完整叙述事情的经过，再引导幼儿自己协商解决等。

夏老师教幼儿学习语言的秘密法宝是什么？

____

____

____

本专题思维导图

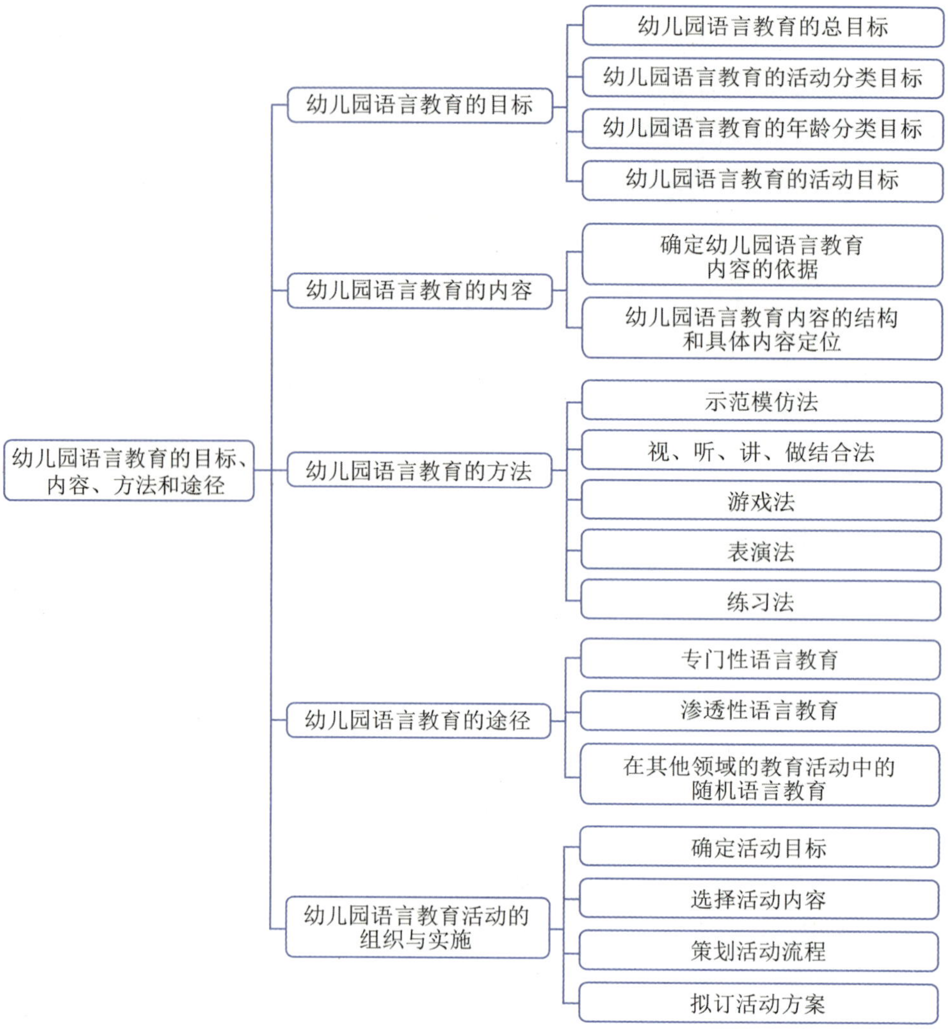

学习主题 1
幼儿园语言教育的目标

学习笔记

一、幼儿园语言教育的总目标

教育部颁布的《幼儿园教育指导纲要(试行)》(以下简称《纲要》)对语言领域提出了以下目标。

第一，乐意与人交谈，讲话礼貌。

第二，注意倾听对方讲话，能理解日常用语。

第三，能清楚地说出自己想说的事。

第四，喜欢听故事、看图书。

学习笔记

第五，能听懂和会说普通话。

理解《纲要》的语言教育目标后，我们可以把幼儿园语言教育总目标划分为四大方面，即倾听、表述、欣赏文学作品和早期阅读，并且从以下几个方面对幼儿实施教育。

第一，帮助幼儿养成注意倾听的习惯，发展他们的语言理解能力。倾听是幼儿感知和理解语言的行为表现，是幼儿语言学习和发展不可缺少的一种行为能力。只有懂得倾听、乐于倾听并且善于倾听的人，才能真正理解语言的内容、语言的形式和语言运用的方式，掌握与他人进行语言交流的技巧。

第二，鼓励幼儿大胆、清楚地表达自己的想法和感受，尝试说明、描述简单的事物或过程，发展思维能力和语言表达能力。以一定的语言内容、语言形式以及语言运用方式表达和交流个人观点的行为，是幼儿语言学习和语言发展的主要表现之一。只有懂得表述的作用、愿意向别人表述自己的见解，并且具备表述能力的人，才能真正与人进行语言交际。

第三，引导幼儿接触优秀的幼儿文学作品，使之感受语言的丰富和优美，并通过多种活动帮助幼儿加深对作品的体验和理解。幼儿在学习文学作品中形成的综合的语言能力，能够提高他们对语言核心操作能力的不同层次的敏感性。因此，要尽可能地给幼儿创造学习各种文学作品的机会。

第四，培养幼儿对生活中常见的简单标记和文字符号的兴趣。利用图书、绘画等，引发幼儿对书籍、阅读和书写的兴趣，培养前阅读和前书写技能。

二、幼儿园语言教育的活动分类目标 >>>>>>>>>>>>>>>

（一）谈话活动目标

谈话活动是培养幼儿在一定范围内运用语言与他人进行交流的语言教育活动类型。目标主要如下。

第一，帮助幼儿学会倾听他人的谈话，逐步掌握几种倾听技能。

第二，帮助幼儿学习围绕一定的话题谈话，充分表达个人见解，培养幼儿的口语表达能力。

第三，帮助幼儿学习运用语言进行交流的基本规则，提高幼儿的语言交往水平。

（二）讲述活动目标

讲述活动是以幼儿语言表述行为为主的语言教育活动类型。目标主要如下。

第一，培养幼儿感知、理解讲述对象的能力。

第二，培养幼儿独立构思与清楚、完整表述的能力。

第三，帮助幼儿调整语言交流的清晰度、节奏。

（三）听说游戏目标

听说游戏是采用游戏的方式开展的语言教育活动类型。目标主要如下。

第一，帮助幼儿按照一定规则进行口语表达练习。

第二，提高幼儿积极倾听的水平。

第三，培养幼儿在语言交往中的机智性和灵活性；锻炼幼儿迅速领悟语言规

学习笔记

则的能力，迅速调动个人已有的语言经验编码的能力，以及迅速以符合规则要求的方式表达的能力。

（四）文学作品学习活动目标

文学作品学习活动是通过欣赏文学作品来学习语言的语言教育活动类型。目标主要如下。

第一，要求幼儿积极参加文学活动，乐于欣赏文学作品，清楚文学作品有童话故事、诗歌和散文等体裁。

第二，帮助幼儿感受文学作品的语言美，培养他们对艺术语言的敏感性。

第三，要求幼儿理解文学作品内容，学习用语言和非语言的表现方式表达自己对某个文学作品的理解。

第四，要求幼儿根据文学作品所提供的线索进行创造性想象，并用口头语言表达自己的经验和想象内容。

（五）早期阅读活动目标

幼儿园的早期阅读活动，是帮助幼儿接近书面语言的语言教育活动类型。目标主要如下。

第一，提高幼儿学习书面语言的兴趣。

第二，帮助幼儿初步认识书面语言和口头语言的对应关系，懂得书面语言学习的重要性。

第三，帮助幼儿掌握早期阅读的技能，培养前书写技能。

三、幼儿园语言教育的年龄分类目标 >>>>>>>>>>>>>>>>

幼儿园语言教育的年龄分类目标，即幼儿某一年龄段的语言教育目标。因为对幼儿所要达到的语言培养总目标总是需要一步一步地落实到不同年龄段的幼儿身上，所以总目标中的内容，在不同年龄段的幼儿身上应当有不同的体现，这样才能在教育实践中循序渐进地促进幼儿的语言发展。

在教育过程中，我们常常将幼儿园语言教育的阶段目标用活动类型的方式进行分类表述，以便教师在计划某一学期的教育工作时有参照指标。下述的阶段目标从不同类型语言教育内容的角度，将幼儿园语言教育目标分解到了每一个年龄阶段中。

（一）小班

1. 谈话活动

学会安静地听同伴说话，不随便插嘴。

喜欢与同伴交谈，能大方地与人打招呼。

能听懂日常会话。

愿意表达自己的需要和想法，必要时配以手势动作。

初步学习常见的交往语言和礼貌用语。

2. 讲述活动

说话自然，声音大小适中。

会看画面，能根据画面说出图中有什么，发生了什么事等。

愿意在众人面前讲述。

能口齿清楚地说儿歌、童谣或复述简短的故事。

能安静地听教师或同伴讲述，并用眼睛注视讲述者。

3. 听说游戏

乐于参加游戏活动，想加入同伴的游戏时，能友好地提出请求。

在游戏中尝试按照规则运用简单句说话。

养成在集体活动中倾听别人讲话的习惯，能听懂并理解较简单的语言游戏规则。

4. 文学作品学习活动

喜欢欣赏文学作品，主动要求成人讲故事、读图书。

喜欢跟读韵律感强的儿歌、童谣。

5. 早期阅读活动

喜欢看书，爱护图书，不乱撕、乱扔。

能理解图书上的文字是与画面对应的，是用来表达画面意义的。

（二）中班

1. 谈话活动

愿意与他人交谈，喜欢谈论自己感兴趣的话题。

别人对自己讲话时能回应。

能主动使用礼貌用语，不说脏话、粗话。

2. 讲述活动

养成先仔细观察，后表达的习惯。

能基本完整地讲述自己的所见所闻和经历的事情。

讲述比较连贯。

3. 听说游戏

在游戏中巩固练习发音。

能说简单而完整的合成句。

能听懂并理解多种游戏规则。

学习如何较迅速地领悟游戏中的语言规则，并能及时做出相应的反应。

4. 文学作品学习活动

喜欢不同形式的文学作品，主动积极地参加文学活动。

了解文学作品语言与日常生活语言的不同，进一步感受文学作品的语言美。

学习理解文学作品中的人物形象，能运用较恰当的语言、动作、绘画形式表达自己理解的内容。

能随着作品的展开产生喜悦、担忧等相应的情绪反应，体会作品所表达的情绪、情感。

5. 早期阅读活动

能仔细观察图画书画面中的人物、情节，能看懂单页多幅的幼儿图画书的内容，增强预知故事情节发展和结局的能力。

反复看自己喜欢的图书，懂得爱护图书。

对生活中常见的标识、符号感兴趣，知道它们能表示一定的意义，愿意用图画和符号表达自己的愿望和想法。

学习笔记

学习笔记

(三)大班

1. 谈话活动

在集体中能注意教师或其他人讲话。

听不懂或有疑问时能主动提问。

愿意与他人讨论问题，敢在众人面前说话，能根据谈话对象和需要，调整说话的语气。

2. 讲述活动

能有序、连贯、清楚地讲述一件事情。

讲述时能使用常见的形容词、同义词等，语言比较生动。

3. 听说游戏

养成积极倾听的习惯，迅速把握和理解游戏中较复杂的多重指令。

不断提高倾听的精确程度，准确掌握和传递有细微差别的信息。

在游戏中按照规则迅速调动个人已有的语言经验编码，并迅速进行语言表达。

4. 文学作品学习活动

能说出所阅读的文学作品的主要内容。

初步感知文学作品中的文学语言的美。

能根据文学作品提供的想象线索、故事的部分情节，联系个人已有经验扩展想象，并创造性地进行表述，即续编、创编故事。

5. 早期阅读活动

专注地阅读图书。

喜欢与他人一起谈论图书和故事的有关内容。

对图书和生活情境中的文字、符号感兴趣，知道文字表示一定的意义。

四、幼儿园语言教育的活动目标 >>>>>>>>>>>>>>>>>>>

幼儿园教育的总目标和年龄阶段目标一般由专门的机构制定。但是，幼儿语言教育的具体活动目标一般由教师自己制定，它是指在某一具体的教育活动中要达到的目的。有时候，具体活动目标是一次活动中要完成的任务，但也有可能是一组相近的活动或一个主题系列活动的目标，它使具体的教育内容紧密地联系在一起。

具体活动目标与语言教育的总目标、年龄阶段目标应是一致的。具体活动目标是为年龄阶段目标、语言教育目标服务的，是总目标和年龄阶段目标最终分解和具体化的内容，语言教育目标正是通过每一个具体活动落实到幼儿身上。因此，具体活动目标的积累便构成了年龄阶段目标，乃至语言教育目标。每一次具体活动目标的实现，都向完成年龄阶段目标和语言教育的总目标近了一步。

学习主题 2
幼儿园语言教育的内容

学习笔记

幼儿语言教育的内容可分为以下几部分：第一，帮助幼儿学习本民族的语言符号系统，在我国主要指学习现代汉语(普通话)的语音、词汇、语法及表达方式等；第二，帮助幼儿学会运用语言，其中包括语言的功能、语言交际规则等，也包括语言运用能力的实践训练；第三，由艺术语言构成的文学作品也是幼儿语言教育的一项重要内容。

一、确定幼儿园语言教育内容的依据 >>>>>>>>>>>>>>>

幼儿园语言教育内容的确定是有一定依据的，要符合一定的规律。一方面，要体现教育内容是为实现教育目标服务的，因此，教育内容应该根据教育目标来选择；另一方面，语言教育内容是为促进幼儿的语言发展服务的，因此，语言教育内容还应该根据幼儿心理发展及语言发展的特点、规律来选择。

（一）根据幼儿语言教育目标确定教育内容

教师只有依据幼儿语言教育的目标确定教育内容，才能有针对性地开展各年龄段的语言教育，使幼儿的语言能更好地得到发展。教师要把教育目标中的各部分、各方面的要求转换为幼儿学习语言的内容，使幼儿通过多种多样的学习方式获得语言经验。教师还要对语言理解能力和语言表达能力以及它们在语言形式、语言内容和语言运用过程中如何发展、如何提高进行具体分析，并把它们作为语言教育内容的重点、难点在教育过程中给予突出与强调。

（二）根据幼儿的心理发展特点选择教育内容

教师在选择教学活动内容时应注意以下几点：要根据幼儿的情绪特点，注重趣味性和新颖性；要根据幼儿爱模仿的心理特点，设计便于幼儿学习、模仿的活动；要根据幼儿富有想象力的特点，尽可能地为幼儿提供充分想象和自由创造的空间。

（三）依据幼儿发展的特点选择教育内容

幼儿语言发展的特点是从非语言交际向口语交际转换，再从口语交际向书面语言学习转换。这并不是截然分开的，而是相互交叉的。因此，在确定语言教育内容时，须针对各年龄段幼儿语言发展的特点，既有交叉又有侧重地开展教学活动，具体如下。

第一阶段是幼儿由非语言交际向口语交际转换的过程。幼儿需要学习最基本的听说转换技能，它包含了对语词的理解和应用、构成词句、表达意思三方面的内容。教师要开展谈话、讲述、听说游戏、文学作品学习和早期阅读等语言教育活动，让幼儿对这些内容进行练习，使幼儿获得有关的语言经验。

第二阶段是口语交际向书面语言学习转换的过程。教师应让幼儿逐步接触书面语言，在口语交际过程中开始使用书面语言。此时，幼儿需要学习口语与文字

学习笔记

的对应、转换关系，即理解说出的话与写出的字之间的关系，为升入小学学习书面语言做好准备。

（四）依据幼儿的新旧语言经验选择活动内容

幼儿语言学习是不断获得语言经验的过程，语言教育活动也就是不断为幼儿提供各种新的语言经验的过程。教师在选择语言教育内容时应慎重，语言教育活动所提供的语言经验应能够为幼儿所获得，成为他们自身语言经验体系的一部分。因此，要着重考虑的是能否使新旧语言经验间具有内在的联系。否则，语言教育活动所提供的语言经验将不会对幼儿产生影响。要做到这一点，就要注意活动内容的连续性，使每类活动内容都由具有内在联系的经验组成，每一次获得的语言经验都能成为日后语言学习的基础。同时，还要注意活动内容的统一性，使经验与经验之间既有纵向的连续性，又有横向的相关性，从而使幼儿在获得的新旧语言经验之间真正建立起联系。

二、幼儿园语言教育内容的结构和具体内容定位 >>>>>>

幼儿语言教育内容可以分为专门的语言教育内容和渗透的语言教育内容两类。

（一）专门的语言教育内容

专门的语言教育内容主要包括谈话、讲述、听说游戏、文学作品学习和早期阅读几方面，这也是我国目前幼儿语言教育中经常采用的、最基本的教育内容。

1. 谈话

谈话是人与人之间运用问答、对话的语言手段进行交往的一种基本能力。谈话在培养幼儿语言交际意识、情感、能力方面有特别重要的意义。

幼儿园专门的谈话活动与日常谈话是有区别的。日常谈话是幼儿在日常生活中所进行的谈话，是无预期目标和计划的谈话，具有自发性和随意性。从话题上来说，日常谈话是没有目标的，是幼儿随意产生的；从时间上来说，是在自由活动时产生的。幼儿园的谈话活动是一种有目的、有计划地组织幼儿学习的语言教育活动，这种活动旨在创造一个良好的语言环境，帮助幼儿学习倾听，围绕一定的话题进行谈话，习得与别人交流的方式、规则，提高与人交往的能力。

具体内容有：①围绕主题交谈；②交流信息谈话；③分享经验谈话。

2. 讲述

讲述是指运用完整的句子、连贯的语言，围绕一个主题描述事物、表达思想。讲述时运用的是独白语言，是比谈话更为复杂、周密的一种口语表达形式，是我国幼儿园语言教育中颇具特色的一种教育内容。

具体内容有：①实物讲述和图片讲述；②排图讲述和情境讲述；③经验讲述。

3. 听说游戏

听说游戏是为幼儿提供一种游戏情景，使幼儿在游戏中按一定规则练习口头语言的活动。听说游戏能培养幼儿在口语交往活动中快速、机智、灵活地倾听和表达的能力。

具体内容有：①巩固难发的音和方言干扰音，练习声调和发声用气；②扩展、丰富词汇量，练习词的用法；③在游戏中尝试运用某些结构的句子，锻炼语感。

4. 文学作品学习

幼儿文学作品学习活动是以幼儿文学作品为基本教育内容而设计、组织的语言教育活动。它从一个具体的文学作品教学入手，围绕着这个作品展开一系列相关的活动。帮助幼儿理解文学作品所展示的丰富、优美的艺术语言和生动、有趣的情节，是幼儿园语言教育的重要内容。

具体内容有：①聆听与感受文学作品；②朗诵与表现文学作品；③仿编与创作文学作品。

5. 早期阅读

早期阅读是指幼儿认识简单的图画、标记等的阅读活动，其中包括清楚图书和文字的重要性，愿意阅读图书，学习前阅读和前书写的技能等。早期的阅读是幼儿由口头语言向书面语言过渡所做的前期阅读准备和前期书写准备，是理解口语与文字之间关系的重要经验。

具体内容有：①前阅读经验；②前识字经验；③前书写经验。

（二）渗透的语言教育内容

渗透的语言教育内容主要是教师利用幼儿的各种生活和学习经验，在真实的生活情境中，为幼儿提供充分的、广泛的、多种多样的学习和运用语言的机会，进而传递给幼儿的。

学习笔记

学习主题 3 幼儿园语言教育的方法

幼儿园语言教育，实质上是成人为发展幼儿的语言创设条件和提供机会，让幼儿参与各种丰富多彩的活动，支持、鼓励、吸引幼儿在与人、物、环境、材料等交互作用的过程中，学习语言、发展语言。幼儿园语言教育的方法有：示范模仿法，视、听、讲、做结合法，游戏法，表演法和练习法等。

一、示范模仿法 >>>>>>>>>>>>>>>>>>>>>>>>>>>>>>>

示范模仿法是指教师通过自身规范化的语言，为幼儿提供语言学习模仿的榜样，让幼儿始终在良好的语言环境中自然地模仿学习。教师的示范是幼儿进行语言模仿的基础。

示范模仿法在具体运用时要注意的问题如下。

第一，示范语言一定要规范到位。

教师的语言是幼儿模仿的直接对象，教师的一言一行，幼儿都会一一听在耳中、看在眼里。教师无论在何时何地都要运用规范语言，这样才能为幼儿创设良好的语言环境，成为幼儿模仿学习的典范。

第二，要把握好示范的时机和力度。

语言教育中新的、幼儿不易掌握的学习内容，教师要反复重点示范，让幼儿有意识地进行模仿学习。

第三，善于运用激励方法，引导幼儿大胆模仿。

教师要关注幼儿在各种活动中的语言表现，善于发现幼儿语言发展的差异，

学习笔记

因材施教。要善于运用激励方法，随时鼓励幼儿正确地表达，引导幼儿大胆模仿。幼儿在讲述过程中如出现语言错误，也要注意避免过于挑剔而削弱幼儿学习的积极性。

第四，不要限制了幼儿的思维。

教师在运用示范模仿法时，要鼓励幼儿在模仿的基础上大胆创新，允许幼儿说出不同于教师的语句。不要限制了幼儿的思维。

二、视、听、讲、做结合法

“视”是指教师提供具体形象的讲述对象，让幼儿充分地观察；“听”是指教师用语言描述、启发、引导、暗示、示范等，让幼儿充分地感知与领会；“讲”是指幼儿在感知、理解的基础上，充分地表述个人的认识；“做”是指教师给幼儿提供一定的想象空间，鼓励幼儿参与活动或独立操作，帮助幼儿充分构思，从而组织更加丰富、连贯、完整、富有创造性的语言进行表述。视、听、讲、做结合法的四个方面必须有机地结合，“视”“听”“做”都是为“讲”服务的，在“讲”的过程中，促进幼儿语言能力的发展。

视、听、讲、做结合法在具体运用时要注意的问题如下。

第一，辅助材料源于幼儿生活。

教师所提供的语言教育辅助材料，应该是幼儿接触过的、较熟悉的或符合幼儿认知特点的，这样才能被幼儿理解，才能更好地促进幼儿的语言发展。例如，在童话故事《乌鸦喝水》的教学活动中，教师可以制作以森林为背景的画面及乌鸦的形象，为幼儿提供生动的视觉形象。当故事讲到乌鸦想什么办法才能喝到剩下的半瓶水时，教师可根据幼儿的回答为他们提供半瓶水、小石块、沙子、树叶等生活中常见的辅助材料，让幼儿动手操作，在实践操作中发现把什么材料放到瓶子里是乌鸦能喝到水的最好方法，同时让幼儿边操作边讲述，使讲述更加生动、形象。

第二，留有一定的时间和空间。

在观察讲述对象时，教师要留给幼儿一定的观察时间和空间，使其能够充分地对观察的对象进行感知和理解。例如，教师让幼儿进行看图讲述、实物讲述、情境表演等，都必须让其有一定的时间仔细看图、看实物、看表演理解讲述对象；也可以通过视觉和听觉等多方面去感知和理解讲述对象，这样才能通过“视”“听”“做”等方法，为幼儿更好地“讲”做准备。

第三，教师的提问具有开放性。

教师的提问要有顺序性、启发性，这样才能帮助幼儿进行开放性地构思与表达。而封闭式的提问，只能让幼儿做出是否或正反两方面的选择性的回答。例如，在童话《金色的房子》的教学活动中，教师在幼儿熟悉了故事内容之后，就可以提出：“如果你有座金色的房子，你会在房子里做什么?”这样开放性的问题，让幼儿充分地讲述自己对故事中人物的情感体验，从而促使幼儿语言表述能力不断提高。

总之，运用视、听、讲、做结合法让幼儿学习语言，可使幼儿调动多种感官参与学习，在促进语言发展的同时，认知能力也得到了发展。

三、游戏法

游戏法是指教师运用有规则的游戏，训练幼儿正确发音，丰富幼儿词汇和学习句式的一种方法。游戏符合幼儿的年龄特点，目的在于提高幼儿的学习兴趣，吸引幼儿的注意力，促进幼儿各种感官和大脑的积极活动。游戏法是幼儿语言教育中常见的活动方式之一。

学习笔记

四、表演法 >>>>>>>>>>>>>>>>>>>>>>>>>>>>>>>>>>>

表演法是指在教师的指导下，幼儿扮演文学作品中的人物，根据作品情节的发展，通过对话、动作表情等再现文学作品，以提高口语表现力的一种方法。

五、练习法 >>>>>>>>>>>>>>>>>>>>>>>>>>>>>>>>>>>

练习法是指有意识地让幼儿多次使用同一个言语因素(如语音、词汇、句子等)，以训练幼儿某方面言语技能技巧的一种方法。通过练习，幼儿可以更加深刻地理解语言教育中的有关内容，牢固掌握有关的语言知识，熟练运用语言技能。

学习主题 4 幼儿园语言教育的途径

幼儿语言教育的途径主要包括：专门性语言教育、渗透性语言教育，以及在其他领域的教育活动中的随机语言教育。

一、专门性语言教育 >>>>>>>>>>>>>>>>>>>>>>>>>>>

（一）专门性语言教育的特点

专门性语言教育是指遵循语言教育规律来组织的学习活动，侧重为幼儿提供以语言为对象的学习机会。它是实现语言教育目标的有效途径，是组织和传递语言教育内容的实施环节，是落实语言教育任务的具体手段，是教幼儿学习语言知识、语言形式及语言运用技能的过程。

1. 语言教育活动是有目的的语言学习过程

语言教育活动提供的是一般的语言环境，它会有目的地为促进幼儿语言发展创设语言环境，有明确的指向性。这种目的性体现在各层各类的目标中，通过各项目标的实现，使全体幼儿的语言都能得到相应的发展。

2. 语言教育活动是有计划的语言学习过程

其他非正式的语言学习是没有计划的、随意的，幼儿从中所获取的语言信息材料一般也是支离破碎的，对于幼儿语言发展的影响必然是不全面的。专门的语言教育活动是一种有计划的语言学习过程，这种计划性集中体现在教育内容的选择上。

3. 语言教育活动是有组织的语言学习过程

语言教育活动是一种在教师的组织下进行的语言学习过程。在这种有组织的学习过程中，教师应始终注意幼儿已有的语言经验，并在此基础上，为幼儿提供新的语言经验，使幼儿通过学习，再次将新的语言经验转化为已有的语言经验。

学习笔记

由此循序渐进，使幼儿的语言得以不断发展。

（二）专门性语言教育活动的类型

专门性语言教育活动的类型主要包括谈话活动、讲述活动、听说游戏、文学作品学习活动、早期阅读活动几种形式。

二、渗透性语言教育 >>>>>>>>>>>>>>>>>>>>>>>>>>>>

日常生活和游戏为幼儿提供了大量的语言交往机会，使幼儿通过实践，练习、巩固、理解和运用语言。日常生活和游戏还为幼儿提供了有关各种事物和人际交往的丰富经验，为幼儿的语言活动积累了素材。通过日常生活中的一些主题活动，教师可以对幼儿的语言学习进行有针对性的指导。

（一）在日常交往中指导幼儿学习语言

无论是在家还是在幼儿园，幼儿在日常生活中总是有意或无意地与家长、教师、同伴进行语言交往。这些发生在生活中的自然交往情境，为家长和教师对幼儿进行语言教育提供了很好的机会。成人可以通过日常交往了解幼儿语言发展的现状，在交往中为幼儿提供语言示范，丰富幼儿的词汇；还可以在帮助幼儿建立生活常规的过程中，提高幼儿理解并按语言指令行动的能力。

（二）通过常规主题活动发展幼儿的语言

常规主题活动是指幼儿园组织幼儿定期参加的，围绕某个话题展开的语言活动。得当的常规主题活动可以调动幼儿的热情，丰富幼儿的语言，锻炼幼儿的语言能力。

（三）通过区角活动发展幼儿的交往语言

语言角的主要作用是让幼儿练习口语表达。活动区的设立为幼儿自主选择游戏内容提供了多种可能性，也增加了幼儿之间的交往机会。教师要鼓励幼儿与同伴展开谈话活动，并利用巡回指导的机会引导幼儿扩展谈话内容。

三、在其他领域的教育活动中的随机语言教育 >>>>>>>>

幼儿园除了语言教育活动外，还有许多其他领域的教育活动，如数学、科学、音乐、美术、体育等。这些教育活动虽然不是以语言为主要内容的，但是其中部分活动却包含着大量的语言教育因素。幼儿在这些教育活动中也在不断地学习新词、新句，尝试用语言与同伴或周围的成人交往。因此，教师可以在这些教育活动中对幼儿进行适当的语言教育。

（一）在其他领域的教育活动中语言教育的随机渗透

1. 在数学教育活动中随机渗透语言教育

数学教育活动和语言教育活动不同，它没有很多优美动听的语句及丰富的词汇，但却需要幼儿有快速的反应能力、敏捷的思维能力和精确的语言表达能力。

2. 在科学教育活动中随机渗透语言教育

科学教育活动中的语言信息交流主要包括描述和讨论两种方式。幼儿在描述和讨论的过程中，既可以提出自己的观点与想法，又可以交流自己的探索方式、操作过程和操作方法，以及从中获得的情绪体验。

3. 在音乐教育活动中随机渗透语言教育

生活中处处有音乐，语言和音乐有着非常密切的关系。教师凭着幼儿对音乐的特别情感和特殊领悟力，可逐渐在中班、大班的音乐教育活动中加入听音乐学语言的内容。

4. 在美术教育活动中随机渗透语言教育

幼儿的世界充满了美的色彩，教师可以在他们完成作品后，让他们对自己的作品进行讲述；也可以在绘画活动中，加入幼儿喜闻乐见的儿歌形式，提高幼儿学习的兴趣。

5. 在体育教育活动中随机渗透语言教育

在体育活动中应先让幼儿观看教师的示范动作，请幼儿讲述并讨论教师的动作要领及注意事项，然后请一名幼儿模仿教师的动作进行活动，再请这名幼儿说说自己是怎样做好这一动作的。这样可以使幼儿通过自身体验，讲出各种活动的特色，从而提高幼儿的语言能力。

（二）在其他领域的教育活动中进行语言教育须注意的问题

1. 通过计划—操作—回忆的活动程序为幼儿提供交流的机会

教育活动是幼儿主动活动的过程，教育活动的主体是幼儿，教师要在教育活动中帮助或引导幼儿自己计划活动进程。在幼儿自主活动过程中，教师要为幼儿提供充分的语言交流机会，鼓励他们将自己独特的感受表达出来。这样就使幼儿在认识事物的过程中，既互相交流了认识经验，又锻炼了语言表达能力。

2. 要避免语言教育的“喧宾夺主”

语言教育不应影响其他领域教育目标的实现。其他领域教育活动都有其独特的存在价值，在促进幼儿身心和谐发展方面有其不可替代的作用。我们不能为强调语言教育而忽视其他领域的教育，在其他领域的教育活动中，有时语言教育并不占据主要地位，但不能为促进语言教育而使其他领域的教育活动本末倒置，这是幼儿园教育活动中应该注意的问题。

3. 鼓励幼儿在同伴之间开展合作与交流

教师要充分利用各种教育活动中同伴之间互相合作和交往的机会。当幼儿在生活中遇到困难和问题时，教师要启发幼儿动脑筋，与同伴商量，找到解决问题的方法。这样既促进了同伴之间的协商与合作，又有助于发展幼儿的语言交往能力。

4. 为幼儿提供规范的言语示范， 鼓励幼儿积极表达

教师除了要为幼儿提供规范的语言让幼儿模仿和学习外，还要努力为幼儿创设一种宽松自由、轻松愉快的心理环境和语言环境，使幼儿有机会自由地表达心声。教师真诚而坦白的表达、师生之间平等的交谈，将有效地激发幼儿运用语言表达思想感情的动机和兴趣。

学习笔记

学习主题 5 幼儿园语言教育活动的组织与实施

学习笔记

一、确定活动目标

确定活动目标是语言教育活动设计中最重要的一环，它恰当与否，将对整个活动设计产生决定性影响，包括影响活动设计的方向、范围和程度。

为了使幼儿语言教育活动的目标能够起到龙头作用，教师在制定活动目标时应做到以下几点。

第一，目标应着眼于幼儿的发展，既要适应幼儿已有的发展水平，符合幼儿语言发展的规律，又要促进幼儿的语言发展。

第二，活动目标的内容和要求，在方向上要和阶段目标、终期目标相一致。

第三，活动目标的内容应包含认知、情感与态度、能力与技能三个方面。

关于语言教育活动目标的表述，应做到既能明确而详细地说明目标内容，即说明语言活动的类型，又能用特定的术语来描述幼儿在活动前后的变化。一个明确而得体的目标应能成功地向别人表达执教者的教育意图，以便观察者在活动后通过幼儿的行为变化加以评价。

二、选择活动内容

活动内容是语言教育内容的具体化。当教师制定活动目标时，必须考虑活动的内容。语言教育活动内容是实现教育目标的手段，是将目标转化为幼儿发展的中间环节，也是活动设计和实施的主要依据。因此，活动内容的选择是一个完善的语言教育活动设计的核心。幼儿教育没有统一的教材，教育内容完全由教师自己选择，教师确定教育内容的自由度较大，但也承担着重大的责任。教师要想使选择的活动内容能够真正体现活动目标，能够促进幼儿语言的发展，就应该做到如下几点。

第一，根据目标选择教育内容。

第二，根据幼儿心理发展的特点选择内容。

第三，在选择内容时，要了解幼儿已有的经验，在幼儿新、旧经验间建立起密切联系。

三、策划活动流程

幼儿教育活动是作为一个过程展开的。它可以看作教师开展语言教育活动和幼儿进行语言学习活动的时间流程，实际上就是教育内容、教师的指导活动和幼儿的学习活动展开的过程。具体注意事项如下。

第一，活动环境和条件。为幼儿提供活动空间、教具、学具、教学设备时，要考虑提供的内容、形式、出示的时间和方法等。

第二，活动方法。凡是幼儿语言教育方法，如示范模仿法、游戏法、表演法等，都可以根据活动流程中不同内容的需要，恰当地选择、灵活地运用，通常是交替使用几种方法，以更好地发挥其综合作用。

第三，活动的组织形式。语言教育活动组织形式，可以是全班或大组的集体活动，这是一种较常见的组织形式；也可以是在教师指导下的比较松散的小组活动和个别活动。

学习笔记

四、拟订活动方案 >>>>>>>>>>>>>>>>>>>>>>>>>>>>>

为了实现幼儿语言教育的目标，使语言教育活动更具目的性和计划性，教师在确定活动目标、选择活动内容和策划活动流程的基础上，须认真拟订一份合理的语言教育活动方案。从形式上看，这只是将活动目标、活动内容、活动准备、活动过程形成书面语言的形式；实质上，它包含着一定的教育指导思想和理论观点，使教育实践活动沿着预定的轨道、朝着预期的目标前进。教育活动方案包括以下几部分。

（一）活动名称

写清楚语言教育活动的具体类型，适合于何种年龄班，具体内容是什么，如“欣赏散文诗《雪花》(大班)”。

（二）活动目标

活动目标是幼儿通过本次教育活动，应该达到的具体目标。根据教育的整体性和语言教育的渗透性，在每次活动的目标中，应该体现有关认识、情感和社会方面的要求。

（三）活动准备

活动准备是指教师对语言教育活动内容和活动方式进行初步思考后所做的工作。语言教育活动为幼儿所做的准备主要包括三层含义：一是知识准备，二是语言准备，三是物质准备。

（四）活动过程

在设计语言教育活动过程时，应对不同类型、不同内容的语言教育活动的大致结构做初步分析和研究，设计出活动的基本走向，即设计出活动过程图。有了清晰的活动过程图，活动过程就会变得一目了然，便于教师具体操作。

第一，要认真设计活动过程的起点和终点。活动过程从什么内容开始，用什么方法引起幼儿学习的兴趣，导入哪些具体的活动内容和组织形式；用什么方法和形式来结束整个活动，而且使幼儿饶有兴趣，余兴未了，这应是教师在设计活动过程时需要认真考虑的。

第二，活动过程步骤要清楚，为具体实施留有余地。

第三，教师提问的内容和方式应认真考虑。

第四，活动过程中环节过渡流畅，自然连贯。

（五）活动评价

评价是幼儿语言教育活动整体结构的一个组成部分。通过评价，教师可以了

学习笔记

解语言教育活动的目标、计划、内容、过程、方法以及环境、材料等，是否适合幼儿的发展水平，是否能促进幼儿语言能力的发展，是否达到了预定的教育目标，是否起到了反馈、诊断和增效的作用。

活动案例

一、活动名称

欣赏散文诗《雪花》(大班)。

二、活动目标

①引导幼儿了解诗句中运用的比喻手法及其特殊作用，学习并理解“落满”“松软”“洁白”等词汇，学习运用“……好像……”的句式。

②通过欣赏使幼儿对初次接触的散文诗感兴趣，乐意聆听。通过诗句的表达，使幼儿想象雪花带给大地一片洁白的美丽景色，认识到雪为人们除病菌、清洁空气的作用，从而激发幼儿感受美、表现美的情趣。

③引导幼儿根据散文原有的格局和句式初步学习仿编。

三、活动准备

①磁板一块，多媒体播放器一部，浅蓝色纸一张。

②图画一张：画有“小雪花”。雪景图一张：画有高山、房子、麦田、地下冻死的害虫等(用磁铁固定在磁板上，并用浅蓝色纸盖住画面，露出天空)。

③风雪声的录音及配乐朗诵散文诗的录音各一段。

④幼儿已具有下雪天的感性经验。

四、活动过程

回忆冬季的显著特征

↓

观看画面，听有关风雪声的录音

↓

欣赏配乐朗诵的散文诗

↓

讨论、交流并理解作品内容

↓

朗诵表演

↓

初步学习仿编

五、活动分析

图画、风雪声、散文诗能较好地调动幼儿的情感体验。本活动贴近幼儿的生活，幼儿的参与度高，收到了较好的效果。

附：散文诗

雪花

我是洁白的小雪花，我从高高的天空轻轻地飘落。

我落满高山，高山好像新娘披上美丽的白纱；我落满房顶，房顶好像铺上一层闪光的银帘；我落满麦田，麦田好像盖上一床松软的棉絮；我落满大地，灭害虫、杀病菌，空气变得更加清新。

欢迎我，欢迎我吧！我是洁白的小雪花，我从高高的天空，轻轻地、轻轻地飘落。①

思考与练习

1. 幼儿园语言教育具体活动目标与语言教育总目标、语言教育年龄阶段目标有怎样的关系？

2. 幼儿园语言教育的主要方法有哪些？

3. 如何组织和实施幼儿语言教育活动？

① 根据王金贵的《雪花》改编，参见朱美华、陶小萍：《散文诗〈雪花〉教法提示》，载《早期教育(教师版)》，1993(3)。

专题四
幼儿园谈话活动

学习目标

1. 了解谈话活动的目标。
2. 理解谈话活动的内容。
3. 掌握谈话活动的设计和组织方法。

情境案例

在带班过程中，大班的朱老师发现：幼儿经常在玩游戏、洗手甚至上厕所时交流自己喜欢的动画片和动画角色。于是，朱老师抓住这个教育契机，促成了一次谈话活动——“我们喜欢的动画片”。在上课前，朱老师做足了功课，了解了幼儿爱看哪些动画片，喜欢哪些动画形象，这些动画形象有什么特点，以便对幼儿进行积极、正面的引导。上课时，首先，朱老师出示了一系列幼儿爱看的动画片的插图，引导幼儿在集体面前大胆地说出这是什么动画片以及动画片里的角色，并能安静地倾听别人的谈话。其次，引导幼儿辨别哪些角色是善良、勇敢、聪明的，哪些角色是阴险、狡猾的等。最后，请幼儿说说自己最喜欢哪部动画片，最喜欢动画片中的哪个角色，并用完整、连贯的语言说明自己的理由。

朱老师的谈话活动的成功之处是什么？

____

____

____

本专题思维导图

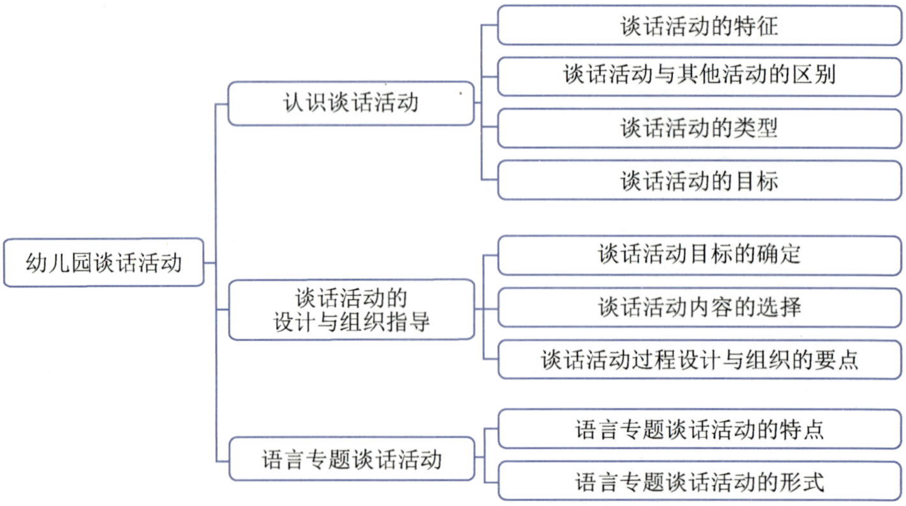

谈话活动是幼儿园语言教育的重要方式。本专题我们要着重了解幼儿园谈话活动的含义、特点，掌握各年龄阶段幼儿谈话活动开展的目标设定、内容选择、组织开展。教师应注重锻炼幼儿的实际能力，结合幼儿教育新观念，为幼儿语言发展创造一个良好的环境。

学习主题 1 认识谈话活动

学习笔记

谈话活动是教师有计划地组织全班幼儿根据事先设计好的主题，在幼儿已有的经验和知识基础上进行的对话。谈话活动是培养幼儿学习在一定范围内与他人交流的语言教育活动类型。

谈话活动根据一定的语言教育理论、一定的语言教育目标和内容，将一部分语言教育任务付诸实践，对幼儿的语言发展产生影响。因此，谈话活动具有其他语言活动所不能替代的意义，尤其在培养幼儿倾听行为和表述行为方面具有重要作用。

一、谈话活动的特征

（一）谈话活动有一个具体、有趣的中心话题

《纲要》的语言领域目标第一条指出，幼儿应“乐意与人交谈，讲话礼貌”。谈话活动重在幼儿的交流。明确幼儿会交流什么，用什么态度交流，如何交流，是完成这一目标的关键。

在谈话活动中，教师引导幼儿集中关注并用语言交流时，一个全体参与谈话

者共有的中心话题就限定了幼儿交流的范围，从客观上主导了幼儿交流的方向，使幼儿的交流带有了一定的讨论性质。例如，大班谈话活动“快乐的五一假期”，每名幼儿都在教师为其创设的语言情境中，围绕着这个话题积极地交流。

在幼儿园的谈话活动中，有趣的中心话题往往包含三层意思。第一，幼儿对中心话题具有一定的经验，可以就谈话主题充分发挥。完全陌生的话题不可能使幼儿产生谈话的兴趣。假设谈话主题是幼儿所不熟悉的“糖果原料加工”，幼儿便无法就这一话题进行饶有兴趣的谈话。第二，有一定的新鲜感。使幼儿感兴趣的话题往往是那些新颖的生活内容。曾经反复提起和谈论的话题，不会引起幼儿的强烈关注。如“国庆假期”这个话题，因为之前交流过“五一假期”，所以同类话题就不能激发幼儿的兴趣。第三，有兴趣的话题常常与幼儿生活中的共同关心点有关。例如，幼儿生活中的一定区域内出现的某些大家共同经历的事，或是电视台最近放映的一部动画片，只要能够使幼儿产生交流和分享的愿望，就可成为有趣的中心话题。

（二）谈话活动具有多元的信息交流环境、条件

谈话活动注重多方的信息交流，幼儿园的谈话活动突出强调幼儿运用语言与他人交流。在这方面，谈话活动的特点表现为三方面。一是谈话活动的语言信息量较大。幼儿围绕中心话题交谈时思路相对开阔，但是他们的语言经验各自有别，因此，承载这些经验内容的语言形式也十分丰富。二是幼儿交流的对象范围相对较大。幼儿有时在全班面前谈论个人见解，有时在小组里与几名幼儿交谈，也有时与邻座的幼儿或教师进行个别交谈。三是谈话活动的语言交流方式较多。任何一个幼儿园谈话活动都可能包括教师与幼儿交谈、幼儿与幼儿交谈。因此，谈话活动是一种多方位的语言交流，它给幼儿提供的学习运用语言的机会，是其他活动所不具备的。

（三）谈话活动具有宽松自由的交流语境、交流气氛

在谈话活动中，幼儿可以围绕自己感兴趣的中心话题，自由地表达个人见解。无论幼儿原有经验是怎样的，无论幼儿用什么样的表达方式谈话，他们都可以在这个范围里将自己想说的话说出来。例如，在“快乐的五一假期”谈话活动中，幼儿会根据各自的经验和感受，谈论假期中自己最喜爱的活动、自己认为最有趣的地方等内容。有的幼儿会介绍好玩的公园，并说出公园的游乐设施；有的幼儿则会用图画的形式将假期中所感兴趣的活动画出来，并和大家交流等。幼儿在谈话活动中能够畅所欲言，交谈气氛轻松，情绪快乐。

宽松自由的谈话活动气氛，主要体现在两个方面：其一，不要求幼儿有统一的认识，允许幼儿根据个人感受发表见解，针对谈论主题说自己想说的话，说自己独特的经验；其二，不特别强调规范化语言。谈话活动鼓励幼儿交谈，积极说话，善于表达个人想法，但不要求他们一定使用准确无误的句式、完整连贯的语段。实际上，谈话活动重在给幼儿提供说的机会，让幼儿在语言交流的过程中练习自己的语言，并产生相互影响，通过提高自己对语言的敏感程度而发展自己的语言。

学习笔记

学习笔记

(四)谈话活动具有较丰富的、有趣的谈话素材

谈话所涉及的素材必须是幼儿知识经验范围内的，取材于幼儿在日常生活中通过观察、活动、游戏、电影或电视所获得的知识经验。幼儿的知识越丰富，谈话的素材积累得越多，谈话的内容就越丰富。如果对某个地方或某个事物只观察了一次，所获得的印象只是初步的、粗浅的，幼儿在谈话活动中就无话可说。幼儿只有当对某种事物或某种现象进行了多次观察，从不同角度比较细致地了解以后，才会有话可谈，谈话素材才能较完整、丰富，才能触及事物的本质特征。例如，教师仅仅带幼儿观察了青草发芽，就让幼儿谈春天的特征，那一定是徒劳无功的。如果从初春开始，教师就有意识地引导幼儿关注春天到来的特征：太阳晒得暖洋洋的，冰雪消融，土地松软，小草长出了芽，迎春花开了，燕子从南方飞回来了，人们脱下了厚厚的冬装，换上了轻便的春装，孩子们在户外放着风筝，农民在田间忙着春耕……幼儿就能积累丰富的谈话素材，自然就谈得生动、形象。

(五)谈话活动中教师往往起间接引导的作用

教师是幼儿园谈话活动的设计组织者，但是在谈话活动中，教师的指导作用以间接引导的方式出现，他们往往以参与者的身份参与谈话，给幼儿以平等的感觉。教师在谈话活动中以参与者的身份出现，并不表明这场谈话是任意的、无计划的。教师在设计组织谈话时，仍然要按照预定的目标内容，紧扣谈话的中心话题，有效地影响谈话活动的进程。在谈话活动中，教师的间接引导往往通过两种主要方式得以体现。一是用提问的方式引出话题或转换话题，引导幼儿谈话的思路，把握谈话活动的方式。二是用平行谈话的方式对幼儿做隐性示范。教师可通过谈论自己的经验，如自己喜欢的地方以及喜欢的原因等，向幼儿暗示谈话时组织交流内容的方法。应当说，教师在谈话活动中的指导方法不同于其他语言教育活动，因而也成为这一类活动的独特之处。

二、谈话活动与其他活动的区别 >>>>>>>>>>>>>>>>>>>

(一)谈话活动与讲述活动的区别

谈话与讲述都属于语言教育范畴，同样都是对提高幼儿表述能力极有益处的活动，却是不同类型的语言教育。两者的具体区别见专题五。

(二)谈话活动与日常交流的区别

谈话活动是有目的、有计划创造的交谈机会，而幼儿日常交谈则是无预期目标、无计划的、自发的谈话。幼儿谈话活动与幼儿日常交谈的最大区别即在于此。然而，还必须认识到两者之间的联系。应当说，幼儿的日常交谈是他们谈话活动的语言基础，谈话活动中的语言学习又有助于提高他们日常交谈的水平。在这两种场合下的谈话活动，都能为幼儿学习语言提供机会，对促进幼儿运用口头语言与他人交往有互为影响的作用。

(三)谈话活动与科学领域的总结性谈话的区别

谈话活动与科学教育的总结性谈话之间的差别，主要反映在活动目的方面。

属于语言教育的谈话活动主要侧重于培养幼儿的语言能力，并不特别考虑话题内容的认识范畴，教师在设计谈话活动时，较多地注意的是幼儿围绕某一话题“说些什么”和“怎么说”。进行科学教育的总结性谈话，目的在于帮助幼儿更好地认识有关的科学教育内容，通过谈话来巩固、加深幼儿的认识。但必须指出，幼儿园各种类型的教育活动的内容有着综合渗透的共性特点，往往不可截然分开。科学领域的总结性谈话渗透着语言教育内容，而属于语言教育的谈话活动也有可能包含着科学教育的内容。从语言教育活动研究的角度出发，不必特别地去划清幼儿谈话内容与其他学习活动的界限，重要的是研究如何根据语言教育的目的、要求，切实提高幼儿的谈话水平。

学习笔记

三、谈话活动的类型 >>>>>>>>>>>>>>>>>>>>>>>>>>>>

谈话活动的实质是通过一定的话题引发多方的言语交往活动，主要通过日常生活中的谈话活动、有计划的谈话活动和开放性的讨论活动进行。

（一）日常生活中的谈话活动

日常生活中的谈话活动是发展幼儿口语的重要途径，它带有极大的情境性和感情色彩，交谈的话题极其丰富，交谈的对象经常变化，交谈可以在任何情况下开始或结束，不受时间、空间、年龄对象的限制。这类谈话活动对幼儿园的三个年龄班都适用。它主要有以下两种形式。

1. 日常个别谈话活动

在幼儿园一日生活的各个环节中，如早晨入园、晨间活动、盥洗、游戏、活动过渡的间隙、离园等，教师都可以利用这些零散的时间与部分幼儿就某个话题进行交谈。但这种交谈并不是随意进行的，而是经过一定的计划和准备的，教师应考虑好要与哪些幼儿交谈、谈什么、在交谈中发展他们的哪些言语技能。教师应该把这部分内容列入幼儿园一日生活计划中。例如，早晨入园时，教师计划与班上较内向、语言能力相对较弱的四名幼儿交谈，话题有两个：在入园的路上都看到了什么？昨天感到最高兴的事是什么？通过与幼儿交谈，培养幼儿主动、大胆地与人交往的能力，调动他们主动表达的积极性。教师可以与一名或同时与多名幼儿交谈，幼儿可以随时参加或退出谈话。日常个别谈话活动，主要目的在于增强个别幼儿的自信心，调动幼儿参与活动的兴趣和积极性。

2. 日常集体谈话活动

与个别谈话活动相比，日常集体谈话活动的话题更自由，可以同时有多个话题，形式更活泼，可以是师生间的谈话，也可以是同伴间的谈话等。这种谈话也遵循着自由参加的原则，幼儿可以参加谈话活动，也可以参加其他活动。例如，在散步时，教师可以就园内的花草树木或其他的环境变化与幼儿进行交谈和讨论。教师可以问：“滑梯旁新添的轮胎秋千可以怎么玩？你们猜一猜是谁把它搬到这儿来的？我们要怎样爱护轮胎秋千？”这样的日常集体谈话活动，既可以锻炼幼儿的表达能力，又可以培养幼儿的观察力和注意力。

学习笔记

（二）有计划的谈话活动

有计划的谈话活动需要教师在制订一定的计划和教育活动方案的前提下，依据事先确定的话题，有目的地组织幼儿进行。谈话的话题可以是各式各样的，凡是幼儿熟悉的或是与他们的生活紧密相关的，都可以选择。这些题目可由教师拟订，在大班也可以请幼儿参与拟订。主要话题如下。

我喜欢的……(人物、动物、玩具、图书、衣服等)。

我和周围的人(爸爸、妈妈、爷爷、奶奶、教师及同伴等)。

我和节日(三八妇女节、六一国际儿童节、国庆节、春节等)。

我参加的一些活动(参观、旅游、探亲、访友等)。

周围环境的变化(花草树木、建筑物、道路、居住环境等)。

由于这类活动需要事先进行精心设计和准备，因此，在指导活动过程中，教师要注意以下两点。

第一，要努力创设良好的语言环境，鼓励每名幼儿积极地发表自己的看法和见解。

第二，要增加幼儿语言交往的密集度。在活动过程中，不仅要让幼儿自己说，而且要让他们积极地与同伴交谈，与教师交谈，在交谈中学习他人有用的经验，不断提高语言运用能力。由于有计划的谈话活动对幼儿的有意注意、有意记忆及言语能力的要求较高，因此，不太适合在小班初期开展此活动，可以从小班下学期开始进行。

（三）开放性的讨论活动

讨论活动是一种特殊的谈话活动形式。说其特殊，是由于它在话题形式、语言交往和教师的指导方面都有开放性的特点。

讨论活动的话题一般都是开放性的，讨论所涉及的事物应与幼儿已有生活经验相符合，但对幼儿来说又有一定的难度。例如，讨论的话题是“假如你有一朵七色花，你最想做的事是什么”，这个话题可以让幼儿自由想象，随意发挥，没有固定的答案。

讨论活动是一种开放性的语言交往活动。在讨论时，幼儿可以就自己的观点与他人进行充分的语言交往。幼儿既要清晰地表达自己的看法，又要善于倾听他人的见解，然后做出分析，从而使语言交往延续下去。这种语言交往活动可以是一对一的，也可以在小群体中进行。可见，讨论活动对幼儿语言能力、思维能力都提出了很高的要求。因此，一般适合在大班开展这项活动。

教师的指导态度要开放。与讨论的问题相对应，教师对幼儿的引导、评价也应该具有开放性，不要一味地从成人的角度去评判幼儿的某些看法是否合理。教师要将指导的重点转向幼儿的语言交往能力，对幼儿的某些富有想象力和创造力的想法持接纳与鼓励的态度。例如，一名幼儿说：“人不会飞是由于人没有翅膀，但人可以从小天使那儿借到一双翅膀，这样就可以像小鸟一样飞在高高的蓝天上了。”面对这样的答案，教师不但要接受，而且要在评价时给予积极的鼓励，引导

学习笔记

其他幼儿要像这名幼儿一样，勇于创新、善于想象，并大胆地在众人面前表述出来。

四、谈话活动的目标 >>>>>>>>>>>>>>>>>>>>>>>>>>>>

（一）谈话认知方面的目标

第一，知道倾听在谈话中的意义、作用，知道倾听他人的谈话内容。

第二，知道与他人交谈时要围绕话题谈话不跑题，并且知道围绕中心话题不断扩展谈话内容。

第三，知道运用语言进行交谈的基本规则，并知道在谈话中运用这些基本规则进行交谈。

（二）谈话能力技能方面的目标

第一，能够倾听他人的谈话，并能及时从中捕捉有效的语言信息。

第二，能够围绕一定的话题谈话，会不断扩展谈话内容，充分表达个人见解。

第三，能在适当的场合主动热情地运用基本的交谈规则与他人进行交谈。

（三）谈话情感态度方面的目标

第一，乐意和同伴、教师及他人用普通话进行交谈。

第二，积极与他人交谈，乐意说出自己的意见和感受。

第三，在谈话活动中能主动倾听别人谈话的愿望、态度和习惯。

第四，有礼貌地认真倾听他人说话，乐意根据谈话主题陈述自己的意见或做出相应的反应。

第五，主动用适合自己角色的语言，自觉地运用听说轮换等基本的交谈规则、方式进行交谈。

学习主题 2
谈话活动的设计与组织指导

一、谈话活动目标的确定 >>>>>>>>>>>>>>>>>>>>>>>>>

（一）幼儿语言教育谈话活动的终期目标和年龄阶段目标

1. 幼儿语言教育谈话活动的终期目标

幼儿语言教育终期目标，是语言教育所期望的最终结果，是学前阶段语言教育总的任务要求。幼儿语言教育终期目标是幼儿教育总目标的一个组成部分，与总目标在方向上是一致的、相辅相成的。与此同时，终期目标又是对幼儿语言发展的任务要求，具有较强的特殊性和相对的独立性。正如语言在幼儿全面发展中

学习笔记

有着不可替代的作用一样，幼儿语言教育终期目标在总目标中也具有同样重要的地位。

《纲要》中涉及谈话的语言教育终期目标是：“乐意与人交谈，讲话礼貌”“注意倾听对方讲话，能理解日常用语”“能清楚地说出自己想说的事”。要在幼儿园阶段完成这样的目标，就需要教师在每个年龄阶段将语言教育目标转化为不同的要求，形成对每一年龄阶段幼儿逐步提高要求的具体目标。

2. 幼儿语言教育谈话活动的年龄阶段目标

幼儿某一年龄阶段语言教育目标就是将语言教育目标转化为不同的要求，形成对每一年龄阶段幼儿逐步提高要求的具体目标，这是年龄阶段目标的一大特点。年龄阶段目标的另一大特点是幼儿语言发展指标和学科知识的融合，这促使教师将语言教育目标贯彻到幼儿所学的学科知识中去。年龄阶段目标对幼儿语言发展提出了具体的要求和发展方向，与语言学科知识融合起来，对幼儿掌握知识、获得能力提出了一定的要求。幼儿语言谈话教育的年龄阶段目标就是期望通过这个阶段的整合学习使幼儿在谈话方面达到一定的水平。

(1)小班

①倾听。具体目标如下。

第一，喜欢听各种声音，乐意听别人说话；知道听别人说话时要保持安静，并且能保持安静，不打断别人说话。

第二，乐意听教师和同伴讲话。

第三，理解较简单的指令并去执行，如关于幼儿园一日生活常规的指令。

②交谈、表述。具体目标如下。

第一，乐意学说普通话，喜欢和教师及同伴用普通话交谈。

第二，乐意并能用简短的语言表达自己的心情和想法，及时向别人表达自己的愿望；讲述自己感兴趣的事；不大声喊叫着说话。

第三，知道在众人面前要大声发言，在个别交谈时音量要适当。

第四，会用简单的语言回答问题，表达自己的请求、愿望、感情与需要等，能讲述图片中的内容和自己感兴趣的事。

(2)中班

①倾听。具体目标如下。

第一，集中注意力听别人说话；有听说轮换的意识；知道在别人说话时，不抢话，不插话。

第二，能理解并执行多重指令。

第三，能区分普通话和方言的发音。

②交谈、表述。具体目标如下。

第一，积极学说普通话，发音清楚；积极与别人交谈；会热情地与别人打招呼；乐意说出自己的意见和感受；知道用语言处理与别人的关系；音量、语速适中。

第二，喜欢用连贯的语言在众人面前说话；对别人的话做出积极的应答(以表情、声音、姿势、词、句等不同的方式)。

第三，积极而有礼貌地参与交谈；不随便插话和打断别人的谈话。

学习笔记

第四，能用完整句较连贯地讲述个人经历以及图片的内容。

第五，能大胆、清楚地表达自己的请求、愿望、情感和需要等。

(3)大班

①倾听。具体目标如下。

第一，认真地、有礼貌地倾听别人说话，根据谈话主题陈述自己的意见或做出相应的反应。

第二，理解较复杂的多重指令。集中注意力倾听教师布置活动任务，并坚持完成。

②交谈、表述。具体目标如下。

第一，主动热情地招呼熟人，有礼貌地招呼客人，能在适当的场合主动和别人交谈；乐于参与讨论，主动用恰当的语言处理和调节与别人的关系。

第二，坚持说普通话，发音准确、清楚，主动、热情、有礼貌地与别人交谈。

第三，在不同的场合，会用恰当的音量、语速说话。

第四，能连贯地讲述事件以及对图片和物品的认识。

第五，能主动、大胆地使用适当的词、句、语段来表达意思，乐于参加讨论，敢于发表不同的意见。

（二）了解本班幼儿的实际交流水平

教师在制订具体教育活动方案之前，必须先用简洁的文字写出对幼儿的情况分析。教师要对本班幼儿交流的发展水平和发展需要做出明确的分析。例如，在中班第一学期，教师发现这个班的幼儿与他人交谈普遍“高八度”，并且与他人交流时总是喜欢说自己的话题，不考虑他人。此时，教师结合中班倾听、谈话和表述的目标进行分析，发现这个班的幼儿离中班阶段目标还有很大的距离。只有有了明确的幼儿情况分析后，才能使下一步教育活动目标的制定真正立足于幼儿的现有水平，找到最适宜幼儿进一步发展的“最近发展区”。同时，也能保证教师在设计和实施教育活动方案时，根据幼儿的发展特点和个体差异，采用灵活多样的方式，实现因材施教。

进行幼儿情况分析时，要注意以下三点要求。

第一，情况分析必须建立在对幼儿语言发展水平全面系统观察的基础上，避免主观臆断。

第二，教师既要全面把握本班幼儿在语言发展方面的一般特点和规律，又要清楚地知道幼儿在语言发展方面的整体水平、兴趣、需要、特点，特别是要明确地了解他们之间的个别差异，清楚每名幼儿在语言发展方面的优势和不足。

第三，教师在分析幼儿语言谈话发展水平的同时，还要根据不同类型的语言教育活动的特点分析所选择的教育内容对于本班幼儿语言发展的价值和作用，找到教育内容与幼儿语言发展之间的契合点。

（三）确定谈话活动的活动目标

确定语言教育活动目标，是语言教育活动设计中最重要的一环。目标是否恰当，将对整个活动设计产生决定性影响。具体活动目标与终期目标、年龄阶段目标应是一致的。每一个具体活动目标的实现，都向终期阶段目标和年龄目标的完

学习笔记

成近了一步。

如上所述，教师明确了语言教育活动的终期目标和年龄阶段目标，结合本班幼儿在语言谈话中存在的问题，就可以考虑如何通过谈话活动使幼儿产生听说轮换的意识，在自己同他人的谈话中用适中的声音，能和大家一起谈论一个感兴趣的话题。此即谈话活动的目标。

将幼儿语言谈话教育活动目标落实到每名幼儿身上，有三个关键问题必须注意。

第一，如何将高层次目标准确地转化为低层次目标。

第二，如何把握各个层次教育目标的内涵及相互间的关系。

第三，如何根据目标来选择相应的教育内容和方法，从而确保目标的实现。

二、谈话活动内容的选择 >>>>>>>>>>>>>>>>>>>>>>>>>>

谈话活动的内容选择是实现教育目标的手段，是目标转化为幼儿发展的中间环节，也是活动设计和活动组织的主要依据。因此，活动内容的选择是一个完整的语言教育活动设计的核心。

谈话活动的内容选择可从以下四个方面考虑。

第一，幼儿感兴趣的、熟悉的与生活紧密相关的话题。在幼儿的生活中，他们感兴趣的、熟悉的话题有饮食类、娱乐类、游戏类等。幼儿对这些话题具有一定的经验基础，可以就谈话主题充分发挥。完全陌生的话题无法使幼儿产生谈话的兴趣。假设谈话主题是幼儿不熟悉的，如“海啸的形成”，幼儿便无法就这个主题进行饶有兴趣的谈话。

第二，有丰富语言内容的、有一定的新鲜感的话题。幼儿感兴趣的话题往往是那些新颖的生活内容，如“奇特的汽车”。

第三，有趣的话题常常与幼儿生活中的共同关心点有关。幼儿共同经历的事情，或是电视台最近放映的一部动画片，只要能够使幼儿产生交流和分享的愿望，就可成为谈话活动中有趣的中心话题。

第四，幼儿曾经交谈过的但仍有极大兴趣的话题。有一些话题幼儿是百谈不厌的，因为这些话题可以不断满足幼儿想象和创造的心理需求，选择这样的谈话内容，可以让幼儿体验到更多不同的交谈乐趣，如“勇敢的葫芦娃”“我是孙悟空”等。

三、谈话活动过程设计与组织的要点 >>>>>>>>>>>>>>>

（一）创造谈话情境， 引出谈话话题

设计和组织谈话活动的第一步，是创设谈话情境，引出谈话话题。教师是谈话活动的开启者，要通过一定的情境，激发幼儿的兴趣，启发幼儿调动有关经验对话题展开联想，打开言语表达编码的思路，做好谈话的准备。这是谈话活动不可缺少的一个环节。谈话情境的创设，主要通过两种方式。

第一种方式是用实物创设情境，即教师利用活动角、墙饰、桌面玩具、实物摆设等向幼儿提供与谈话主题有关的可视对象，以激发幼儿谈话的兴趣、开阔幼儿谈话的思路。例如，在“快乐的五一假期”谈话活动中，开始时教师可引导幼儿

观察五一假期后小朋友带来的照片及用旅游纪念品布置的展览区角。

第二种方式是用语言创设情境。教师自己说一段话，通过提一些问题来唤起幼儿的记忆，调动他们的谈话积极性，以便进入谈话主题。

在活动设计和组织方面，教师应当注意下列两个问题。

第一，注意创设谈话情境的方式。无论是以实物的方式还是以语言的方式创设谈话情境，都必须以有利于幼儿谈话为前提。一般来说，对幼儿已经具备丰富经验的或幼儿最近关注较多的话题，可以不采用实物方式创设情境；对幼儿谈话难度大的话题，则要考虑创设具体实在的谈话情境。

第二，注意创设的情境与谈话话题之间的关系。谈话情境的创设是为引出话题服务的，应避免出现两种情况：一是避免放置过多与谈话内容无关的摆设，要紧扣谈话的中心话题；二是避免过于热闹以致出现喧宾夺主的现象。谈话的情境创设应尽可能简单明白，以便直接切入话题内容。过于复杂的情境有可能分散幼儿的注意力。教师在创设谈话情境时，必须记住情境是谈话话题的“助手”，应以是否达到引导谈话话题为目的来衡量情境创设的量和度。既要充分利用谈话情境启发、引导幼儿，又要尽快切入话题引发幼儿谈话。

（二）幼儿围绕话题自由交谈

在幼儿就谈话话题开始交谈之后，教师接下来就要为幼儿提供围绕话题自由交谈的机会。这一步骤的目的在于调动幼儿个人对谈话中心话题的知识储备，运用已有谈话经验交流个人见解。比如，在“快乐的五一假期”谈话活动中，教师可让幼儿自由参观展览区角，围绕照片和旅游纪念品进行交谈，之后可请幼儿画出特别好玩的地方，边画边向其他幼儿介绍，使每名幼儿有充分谈话的机会。设计和组织这一类活动时，有三个基本原则可供参考。

第一，应当放手让幼儿围绕话题自由交谈。教师在幼儿分组和一对一地自由交谈时，允许幼儿说任何与话题有关的想法。教师不需要做示范，不给幼儿提示，不纠正幼儿说话用词造句的错误，让幼儿充分运用已有谈话经验说出自己想说的话。

第二，鼓励每名幼儿积极参与谈话，真正形成双向或多向的交流。当将幼儿分成小组时，教师可让幼儿自己选择交流对象。这些三三两两自由结合的小组，或是一对一的小组，更有利于每名幼儿发挥其自身的积极性，使他们有更多的机会交谈，也可保证谈话的气氛更加融洽。

第三，在自由交谈的活动中，适当增加幼儿“动作”的机会。谈话是口头语言操作，也是动脑的操作。根据幼儿活动的特点，在谈话活动中适当增加一些其他方式的操作活动因素，将更有利于调动幼儿的兴趣，提高他们说话的积极性。

当幼儿进入围绕话题的自由交谈时，教师不能袖手旁观，不能让幼儿随便谈话而自己去做与谈话无关的事情。在这个活动阶段，教师的职责和任务主要表现在以下三个方面。一是教师必须在场。当幼儿看到教师在场时，即使教师并未说话，幼儿也能感到自己所说的话的价值，从而增加说话的积极性。二是教师参与谈话。教师可以采取轮番巡视的方式参与各组的谈话，到每一组都听一听幼儿的谈话，用微笑、点头、拍手等体态语言给幼儿以鼓励；教师还可以简单地发表个人见解，或是对幼儿所说的给予一定应答，或用自己的语言对各组幼儿的谈话做出反馈，这样能产生一定的积极影响。三是教师要观察幼儿的谈话情况，了解他

学习笔记

学习笔记

们运用已有谈话经验进行交谈的状态，明了幼儿谈话的水平差异，为下一阶段活动的指导做好准备。

（三）教师引导幼儿逐步拓展谈话范围

经过让幼儿围绕话题自由交谈的活动阶段之后，教师要集中引导幼儿逐步拓展活动范围。在此阶段，教师应通过逐层深入的谈话，向幼儿展示并帮助他们学习运用新的谈话经验，使幼儿的谈话水平进一步提高。在这里需要特别指出，所谓新的谈话经验，是谈话活动目标在谈话活动中的具体化，是幼儿要学习的谈话思路和谈话方式的总和。教师在设计组织谈话活动时，要避免使用那种机械、呆板的话题。注意不要把一种句式或几个词语的学习与新的谈话经验学习等同起来。每一次设计谈话活动时，教师都应当重视根据语言教育的要求和谈话活动的特点，从大的方面帮助幼儿整理谈话思路，使其掌握一定的谈话规则，获得一些适用于谈话的交往方式。

具体而言，教师在通过谈话活动向幼儿提供的新的语言经验时，必须注意以下两点。一是应根据每个年龄班幼儿的谈话水平，在幼儿已有谈话经验的基础上进一步扩展他们的经验范畴，如培养幼儿倾听谈话的意识、情感和能力。针对小班、中班和大班应有不同的谈话要求，落实到每一次活动中时，应逐步加入新的倾听经验要求。二是各个谈话活动设计的新语言经验应有所侧重，如这次谈话活动可重点帮助幼儿学习围绕中心话题谈话，下次可重点帮助幼儿学习围绕中心话题深入拓展小话题，在之后的谈话活动中还可引导幼儿学习自己提出话题谈话等。

（四）教师隐性示范新的谈话经验

教师在此阶段向幼儿展示新的谈话经验时，不要直接说给幼儿听，也不要用指示的方法要求幼儿怎么说，而要通过深入拓展的谈话范围将这种经验逐步传递给幼儿。教师用提问、平行谈话的方法，引入新的谈话经验，让幼儿在谈话过程中不知不觉地沿着新的思路去说，潜移默化地应用新的谈话经验，最终学会这种新的谈话经验。

总之，教师在设计这一步骤的谈话活动时，应当特别注意思考自己“说什么”和“怎么说”，因为此时教师说话的内容和方式，直接关系到幼儿有关新的谈话经验的学习。在这一阶段谈话过程中，倘若教师因准备得不够充分而信口开河，或是干巴呆板地说教，都将直接影响此次谈话活动的教育效果。

活动案例

一、活动名称

我最喜爱的图书。

二、活动目标

①让幼儿愿意在众人面前说话，并积极与别人进行交谈。

②让幼儿学会完整地介绍自己带来的图书的名称，并在倾听别人谈话的过程中注意学习新词。

③让幼儿学会用“我喜欢……，因为……”这样的句型介绍自己最喜欢的图书。

三、活动准备

①请每名幼儿从家里带一本自己喜欢的图书。

②在活动室布置一个图书角，摆上幼儿带来的图书，使幼儿能看到每本书的封面。这样布置图书角的目的在于引起幼儿对图书的兴趣，激起幼儿想看、想讲的欲望。

四、活动过程

(一)启发幼儿谈论图书

活动开始，教师首先交代常规：每名幼儿要站直，不要趴在书架上，手不动图书，以便集体观看。然后把幼儿领到图书角，引导幼儿观察各种图书，激发他们想看、想讲图书的欲望和兴趣。

教师用提问的方式启发幼儿谈话，引出谈话主题。可以问："你们看这儿有什么呀?"然后逐一向幼儿介绍图书角里图书的名字(一般幼儿先说，个别不会的由教师介绍)。

(二)幼儿分组或自由结伴谈论图书

请幼儿把自己带的图书拿起来，然后分成小组或自由结伴让幼儿相互谈谈自己带来的图书。

要求幼儿向同伴介绍自己的图书，包括书的名字和内容，允许幼儿相互交换图书。

教师应参与分组谈话，并表示出对幼儿的图书的兴趣，注意倾听幼儿谈话中所用的优美词句。

(三)幼儿集体讨论图书

在分组谈话之后，全班幼儿集中继续讨论图书。此时，教师要做到心中有数，了解哪些幼儿介绍的书很有趣，哪些幼儿的口语表达能力较好。然后通过提问和平行谈话暗示，让幼儿紧扣"图书"这个话题讲述，并逐层深入拓展话题内容。

首先，教师请表达能力较强的幼儿介绍自己带来的图书。要求幼儿说话时声音响亮并说清楚：带来的书叫什么名字，书里面有哪些人物，书的内容是什么。

其次，教师用提问的方式拓展话题。可以问："除了今天带来的图书，你还看过什么图书？你最喜欢哪本图书?"要求幼儿只说一种，并能简单说出喜欢的原因。在幼儿谈话时，教师可以用平行谈话的方式参与进去，并且通过谈话引导幼儿的思路。例如，教师可以拿出一本故事集说："我最喜欢这本故事集，因为它的封面很硬，不容易坏，它里面是彩色的，很漂亮，而且有很多的故事。"在幼儿谈话时，他们说出自己最喜欢的图书名称以及喜欢的原因后，教师可用插话的方式对他们谈话的内容进行必要的补充，使之更符合谈话的要求。

最后，教师小结谈话活动，引导教育幼儿爱护图书。教师通过简单介绍图书的来历，让幼儿知道图书是很多人一起劳动的结果。可提出以下问题："图书是从哪里来的？书上的字和画是从哪里来的?"

学习笔记

五、活动评价

(一)活动目标分析

此活动方案的目标是谈话活动的目标。第一，我们分析此目标是否关注到认知、情感和能力技能等多方面。第二，此目标在设计上是否首先落在语言谈话这个语言点上。第三，此目标是否体现了目标的整合性。

(二)活动内容分析

谈话活动内容的选择是实现教育目标的手段，是将目标转化为幼儿发展的中心环节，也是活动设计和活动组织的主要依据。第一，看教师选择的内容是否是幼儿感兴趣的，是否属于幼儿生活经验范围之内的。第二，此内容是否与目标相一致。第三，此内容是否在幼儿的新旧语言经验之间建立了联系。

(三)活动过程设计分析

活动过程可以看作教师开展语言活动和幼儿进行语言学习活动的时间流程。所以，分析活动过程的设计实际是分析教育内容、教师指导和幼儿的学习活动如何开展的。第一，要分析活动过程是否综合体现了教育目标、教育内容和教育方法。第二，分析每个环节内容安排的目的和幼儿在此环节所获得的经验。第三，分析此次活动是否体现了语言谈话活动的结构特点。

学习主题 3
语言专题谈话活动

学习笔记

一、语言专题谈话活动的特点 >>>>>>>>>>>>>>>>>>>>>>

所谓语言专题谈话活动，是指定期围绕某个活动话题展开的语言活动。语言专题谈话活动是语言教育的重要形式。语言专题谈话活动除了有一个有趣的中心话题和宽松自由的谈话氛围外，还具有以下特点。

(一)相对固定的活动时间

无论是哪个年龄班开展的语言专题谈话活动，一般都具有相对固定的活动周期，不管间隔的时间有多长，教育活动计划中都有相对固定的时间安排，并以常规活动的形式有规律地进行。

(二)多种多样的活动形式

各年龄阶段的幼儿语言发展的特点相同，即使是同一个阶段的幼儿，也会因其生活背景、兴趣爱好、交往特点的不同而存在较大差异。教师有针对性地对不同阶段幼儿的语言活动因势利导，使其规范化、目的化，长期进行下去，就形成了多种样式的语言专题谈话活动。专题性的语言活动不再是一个偶然的、随机的语言行为，它已成为教师有目的、有组织、灵活进行语言教育的有效途径，不仅可以丰富幼儿的幼儿园一日生活的内容，而且可以为幼儿开辟一个崭新的语言学习的空间。

学习笔记

二、语言专题谈话活动的形式 >>>>>>>>>>>>>>>>>>>>>>

幼儿日常生活中的语言专题谈话活动的形式多种多样，一般有如下六种形式。

（一）周末评议

在每个周末相对固定的时间里，教师可以引导幼儿围绕一个专题进行沟通和交流，评一评、议一议相关的内容。活动可以在教师和幼儿之间开展，也可以在幼儿之间开展，让幼儿在自在的、宽松的对话交流氛围中发展他们的对话语言。这类活动可以在幼儿园各个年龄班进行。

1. 活动内容

(1)夸一夸

周末评议中，教师可以引导幼儿夸一夸自己做得好的地方，夸一夸别人的优点。这种活动不仅能培养幼儿的口语表达能力，还能促进幼儿良好的社会性情感的发展。

(2)议一议

在周末，幼儿可以对自己一周以来的日常生活、学习、游戏等方面进行评议。为了使活动相对集中，教师可从本班的周(月)目标中，选择一个评议的重点来组织幼儿围绕其进行有针对性的评议。在评议中，教师要充分发挥幼儿的主动性，让幼儿来说、让幼儿来评。

2. 指导要点

(1)根据不同年龄班的特点设计组织形式

小班的评议活动一般由教师引导、以谈话的形式进行，并以集体评议为主；中班、大班的评议活动由于幼儿参与活动的积极性高，语言表达能力较强，则可以由幼儿自己主持，进行小组评议。教师可以适当参与，并给予一定帮助，如注意引发幼儿评议的兴趣，在活动过程中适当引导，活动结束时做简短的小结。

(2)逐渐提高评议的水平

随着幼儿年龄的增长，语言水平的提高，教师在组织评议活动时，活动范围应逐步拓宽，语言的内容应随之加深，表达句型和方式也应逐渐多样化。

（二）天气预报

在每天晨间活动之后或教育活动开始之前，请一名幼儿根据前一天晚上或当天早上从电视(或广播、报纸)上了解到的天气情况，向全班幼儿播报当天的天气情况。天气预报员可以由值日生充当，也可以让幼儿轮流，一人当一天天气预报员。

1. 活动内容

预报天气情况(天气、气温、风力等)，制作天气预报图，记录天气预报，提醒大家应注意的事项。

2. 指导要点

(1)引导幼儿关注天气预报节目

教师要提醒幼儿收看或收听电视或广播中的天气预报节目，帮助幼儿养成自觉了解天气预报的习惯，提高对天气预报的关注度。

学习笔记

(2)鼓励幼儿联系日常经验进行讲述

教师要善于引导和激发幼儿活动的兴趣，不断丰富幼儿的口语表达内容。这项活动还可以和记录天气或制作天气预报图等结合起来，让幼儿根据记录面向全班幼儿播报当天的天气情况。

(3)增强活动的吸引力

为增强活动的生动性，教师应帮助幼儿制作一些可供值日生操作使用的图片或图标等，让幼儿一边操作材料一边播报天气，必要时还要请一两名幼儿协助值日生完成天气预报。

(4)让每名幼儿参与活动

天气预报的内容比较简单，表达方式也有相对固定的模式，可将其作为值日生的一项必不可少的任务。教师应让幼儿轮流当值日生，由值日生播报当天天气，尽量让每名幼儿都有机会参与活动，培养幼儿的责任感。

(5)加强个别指导

对口语表达能力较差的幼儿，教师有必要帮助他们整理当天的天气情况的资料，帮助他们组织语言，以使他们顺利地进行播报，增强其自信心。

（三）新闻播报

新闻播报即幼儿模仿电视中新闻报道的方式向全班幼儿交流其看到的、听到的有关内容。新闻播报活动的综合性较强，对幼儿的口语表达能力要求较高，比较适合在大班开展，也有少数简单的节目内容可以在中班或小班开展。新闻播报活动可以一天进行一次，也可以一周进行一次。播报的具体时间可以安排在教育活动之前的几分钟。

1. 活动内容

新闻播报的内容包括：介绍重大活动或重大发明，播出一则文娱信息，播报早、中、晚饭菜单，介绍一本新的幼儿读物，讲述最新的个人见闻，发布家庭信息，发布交通信息，发布旅游信息等。

2. 指导要点

(1)鼓励幼儿积极参与、自主选择播报的形式和内容

新闻播报的内容丰富多彩，教师无须限定题材和人选，应鼓励每名幼儿积极参与活动，大胆地在众人面前播报新闻。

(2)将个别辅导与“预约”播报的方法相结合

新闻播报的语言要求简洁明了、生动有趣、不重复，所以，教师要及时地进行个别辅导。对那些怯场、不爱说话的幼儿，教师可通过“预约”的方法，即预先帮助他们整理新闻的素材，鼓励他们在众人面前播报新闻。

（四）学做广告

大多数幼儿对电视广告特别感兴趣，他们不仅喜欢看、喜欢说，还喜欢进行动作模仿，学做广告就是给幼儿提供一个学、说、演的极好机会，既能锻炼幼儿说话的胆量，又能提高幼儿的语言表达能力。这种活动可以一周进行一次，小班、中班、大班均可进行。

1. 活动内容

学说广告词，模仿广告表演，说说熟悉的广告(说出广告的名称、宣传的产

品、产品特点、喜欢的原因等），创编广告。

2. 指导要点

(1)鼓励幼儿大胆模仿

广告语言精练准确、通俗易懂，可表演性较强。幼儿刚开始学说广告语言时，的确有一定的难度，所以模仿学习是很有必要的。对于那些说话声音小、表达不自然的幼儿，教师要鼓励他们大胆模仿，反复练习。

(2)引导幼儿把握广告语言的要点

学广告、编广告，并不意味着什么都说，教师要引导幼儿抓住广告语言的要点，用简短的语言说明产品的名称、特点和用途。

(3)注意平时收集积累

幼儿不仅可以通过电视来学习广告语言，还可以在实际生活中学到不少的广告语言。要使这类语言专题谈话活动开展得丰富多彩，关键是要培养幼儿多观察、多记忆、多积累的好习惯。

(4)形式可以灵活多样

举办“学做广告”这样的活动可以组织幼儿集体谈话，也可以由幼儿自由结伴分组谈话，还可以用接龙游戏、即兴表演的形式灵活开展。

（五）专题调查和访问

教师和幼儿共同设计一些有趣的活动主题，并做好相应的准备，幼儿以小组形式和小记者的身份开展访问活动，采访之后相互进行交流。这样的活动，一方面能使幼儿获得丰富的信息，引发他们强烈的谈话欲望；另一方面能使他们分享经验，相互学习，主动性和创造性得到充分的发展。

1. 活动内容

幼儿访问、专题调查。

2. 指导要点

(1)认真确定活动的主题

教师可以配合班级教育活动的内容或者单元教育的主题来确定调查和访问的主题。首先，活动的主题要贴近幼儿的生活，访问对象应是幼儿非常熟悉的，容易接触的，看得见、找得到的。其次，主题的范围要小，可操作性要强。

(2)精心拟订采访提纲

教师要设法使幼儿明确本次采访的主题，强调幼儿采访时关注的主要问题。

(3)协助幼儿做好采访记录

由于幼儿的书写能力有限，因此需要教师或家长协助做好采访记录。采访应有明确的主题、具体的内容，问题的设计也应符合幼儿的心理特点。教师和家长应积极协助幼儿，使整个采访活动得以有序进行。采访活动不仅能锻炼幼儿的口语表达能力，而且能帮助幼儿学会一些语言沟通的技巧，如耐心地倾听、认真地思考、礼貌地问答等。

（六）开心笑话

笑话能引人发笑，随意地讲讲笑话，可以减轻幼儿说话的压力，培养幼儿的幽默感。适当讲讲笑话可以帮助幼儿理解语言的含义，体验语言的幽默，学会分享表演的快乐。小班幼儿喜欢听，不太会说，随着他们生活经验的日益增长，理

学习笔记

解水平的不断提高，到了中班、大班，幼儿不仅能听懂，还能学说和创编。教师可以依据本班幼儿的实际情况，定期开展这种专题活动。

1. 活动内容

活动内容举例如下。

“开心一刻”(借助现代媒体听相声、看小品)，讲笑话(讲生活中遇到的一些好笑的事、有趣的人、开的玩笑等)，滑稽表演(表演滑稽口音或滑稽动作、扮怪相等)，编顺口溜(有趣的童谣、打油诗等)，学说相声。

2. 指导要点

(1)平时多听、多看

教师平时要广泛收集小品、少儿相声、笑话等幽默语言与故事，经常讲给幼儿听，并借助现代媒体多让幼儿收看文娱节目。

(2)鼓励幼儿自由学说

讲笑话主要是让幼儿边演边说，教师不要限制幼儿说话的题材，幼儿学讲笑话的方式也是自主的，但教师要巧妙地参与活动，与幼儿同乐，从而更好地提高幼儿活动的积极性。

除了以上这六种专题语言活动外，教师还可在日常生活中组织以语言训练为主的综合式语言专题谈话活动。例如，画一画、说一说(将幼儿说话与绘画活动结合起来)，玩一玩、说一说(将幼儿说话与他们喜爱的玩具结合起来)，看一看、说一说(将幼儿说话与观察实物、阅读图书、欣赏动画片等结合起来)，演一演、说一说(利用专门设置的情境让幼儿扮演角色，边演边说)。

思考与练习

1. 简述什么是谈话活动。
2. 简述谈话活动的特点及作用。
3. 简述谈话活动与其他活动的区别。
4. 分析幼儿园三个年龄班幼儿的特点，分析活动目标并设计相应的谈话活动。

专题五
幼儿园讲述活动

学习目标

1. 了解讲述活动的类型。
2. 掌握讲述活动的设计、组织和实施方法。

情境案例

今天，大三班的幼儿正在学习看图讲述《猴子过河》。瞧！教师拿出第一张图片，并提问："图上有谁？有多少只老猴子，有多少只小猴子？它们是不是正准备过河啊？……对不对啊？……是不是啊？"

你觉得教师提的问题合适吗？在讲述活动中，教师的引导是非常重要的，请你根据这个案例谈谈在讲述活动中教师在提问时应该注意什么。

____

____

____

本专题思维导图

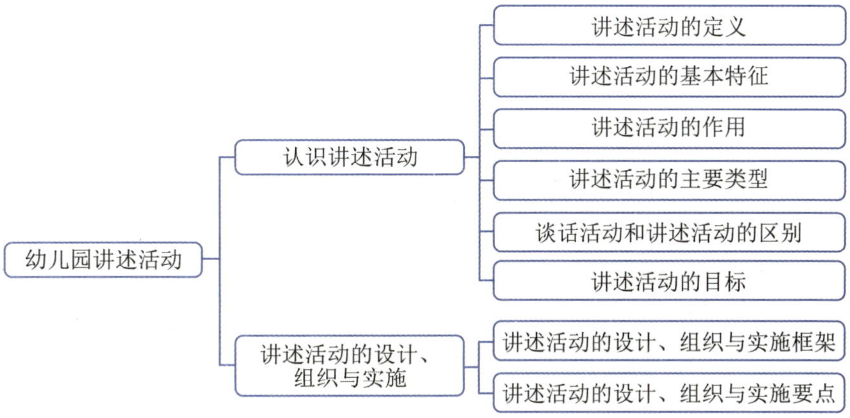

学习主题 1 认识讲述活动

学习笔记

一、讲述活动的定义

讲述活动是指幼儿针对一定的讲述对象，在相对正式的语言环境中独自完成的表述一定内容(表达个人对某事、某物或某人的认识)的语言表达活动，是幼儿语言教育活动的重要组织形式之一。这类活动要求幼儿积极参与命题性质的讲述实践，鼓励幼儿主动地在集体中大胆地表达自己的想法。讲述活动能帮助幼儿逐步获得独立构思和完整连贯表述的语言经验。

二、讲述活动的基本特征

（一）讲述活动拥有一定的凭借物

所谓凭借物，就是幼儿讲述的对象。凭借物可以是实物、图片和情境等。幼儿根据凭借物进行讲述，讲述中心明确，语言指向性明显。例如，“各种各样的包”这一讲述活动，其凭借物就是各种各样的包，讲述必然围绕着包的外形特征、类别、作用等方面进行。

（二）具有命题的性质，语言情境相对正式

由于提供了凭借物，也就确定了幼儿讲述的中心内容，因此，这样的讲述活动就像命题作文一样，对于幼儿来说也具有命题的性质。讲述活动的语言情境相对正式，幼儿不能像在谈话活动中那样宽松自由、随意地交谈，而必须围绕着凭借物独立地、完整地、有条理地说出一段话。

（三）讲述活动的语言是独白语言

独白语言是指幼儿先独立构思，然后用完整、连贯的语言将自己内心的感受和体验准确无误地、独立地在众人面前表达出来，并得到他人的理解。这种语言方式显然大大区别于谈话活动中你来我往、你一言我一语的语言交流方式，而是以个体表述大段的、完整的语言为主，可以对其他幼儿的语言表述内容产生影响，但不会形成对话式的交流。讲述的独白语言有助于发展幼儿较为复杂、周密的口语表达能力。

（四）讲述活动需要调动幼儿的多种能力

讲述活动中幼儿需要观察、分析凭借物，在此基础上归纳、总结凭借物的不同方面，甚至进一步联想、想象不同的内容，在此基础上构思讲述的具体内容、讲述的顺序和讲述的语言。讲述活动要求幼儿能准确地运用词语，会用一些复合句，能控制讲话的声调、语速，语言有一定的逻辑性。

学习笔记

三、讲述活动的作用

（一）提高幼儿的讲述水平

在讲述活动中，幼儿需要独立构思讲述的内容、顺序、重点和中心，考虑怎样讲才能使别人理解自己，逐步建立有顺序、有重点、有中心地讲述的意识。教师应在潜移默化中培养幼儿独立讲述的能力。例如，在讲述“我最喜欢的动画片”时，幼儿在讲述前要想好自己喜欢的动画片是什么，为什么喜欢这部动画片，还要考虑自己讲述的重点是什么，怎么讲才能把自己所想到的内容表达清楚，让别人听得懂。

（二）锻炼幼儿独立讲述的能力

在讲述活动中，幼儿有机会逐渐学习在集体面前独立、大胆地讲述自己的想法，把有关事、物、人等不同的内容讲清楚，即语言完整、连贯，重点突出。这种能力的发展大致表现为：小班，能够克服胆怯，勇于在众人面前讲述，做到语句简短且较完整；中班，能够大方地在众人面前讲述，语言完整连贯，能够说出较为完整的一段话；大班，能够自在地在众人面前表达自己的观点，内容连贯、重点突出，语句之间的逻辑性较中班有所增强。

（三）促进幼儿掌握认识事物的方法

幼儿要想把某一事物表述清楚，就必须了解这一事物。因此，在讲述之前，幼儿需要对这一事物进行感知，获得较为充分的认知，久而久之，幼儿就会掌握一些认识事物的普遍方法。例如，认知某一种实物，通常不外乎从这一物体的名称、外观(颜色与形状)、材料、功能或作用等方面感知、认识，幼儿讲述时也必然要讲清楚这些内容。认知某一事件，通常不外乎了解事件发生的时间、地点，涉及的人物，以及事情从发生、发展到结束的过程。

（四）发展幼儿的思维能力和想象能力

在讲述活动中，幼儿不仅要讲述自己对凭借物的所见、所闻，还要讲述自己对凭借物的所感、所想。这就需要幼儿在观察、分析的基础上归纳、总结、判断、推理、想象，由此，幼儿的思维能力和想象能力才能在讲述活动中得到发展。

例如，在看图讲述过程中，幼儿要根据画面给出的线索想象出不同的故事情节或结果；在排图讲述过程中，幼儿先要根据图片的内容，结合自己的生活经验把散乱放置的图片排出正确的顺序然后进行讲述；在有的讲述活动中，幼儿要揣摩人物的情感、思想，并转化成自己的语言讲述出来……从这些方面来说，讲述活动可以促进幼儿思维能力和想象能力的发展。

四、讲述活动的主要类型

（一）根据讲述活动中涉及的内容分类

1. 叙事性讲述

叙事性讲述是用口头语言把人物的经历、行为或事情的发生、发展、变化讲述出来。叙事要求说清楚人物、事件、时间、地点和原因，并且要求说明事情发

学习笔记

生、发展的先后顺序，逐渐懂得讲述事情时，要按照开头、发展、结局的顺序。在学前阶段，只要求幼儿能用简洁的语言，清楚地按顺序讲述事件就可以了。例如，讲述司马光砸缸的故事，教师应重点要求幼儿讲清楚事情发生的时间、地点、经过和结果。

2. 描述性讲述

描述性讲述是用生动形象的语言，把人物的状态、动作或物体以及景物的性质、特征具体描述出来。在学前阶段，幼儿学习描述性讲述的重点在于抓住事物的主要特征进行描述，同时能观察到事物的细节部分，推断事物之间的关系和联系，初步尝试使用具体、生动、形象的词语和句子对事物进行细致的描述。例如，讲述“我最喜欢的东西”，重点要求幼儿具体描述自己最喜欢的物品的外形、种类以及不同类型物品之间的区别是什么，喜欢的理由是什么。

3. 说明性讲述

说明性讲述是用简单明了的语言，把事物的外形、特征、用途等解说清楚的讲述形式。发展幼儿讲述语言最有效的是说明性讲述活动。例如，讲述“各种各样的扇子”，就要求幼儿讲清楚扇子是什么形状、什么颜色的，是用什么材料做的，有什么用处等。在说明性讲述中，幼儿的语言不需要太过花哨，而是需要清晰明了、重点突出。

4. 议论性讲述

议论是讲道理或论是非，议论性讲述就是通过摆观点、摆事实来说明自己赞成什么或反对什么。幼儿的逻辑思维水平不高，议论能力不强，因此，只能进行初步的议论性讲述。例如，面对“你喜欢孙悟空还是猪八戒”这个话题，幼儿只要结合自己的喜好把理由表达清楚就可以了。

（二）根据讲述活动的讲述对象（凭借物）来分类

1. 看图讲述

看图讲述是指幼儿在观察图片、理解图片的基础上，用恰当的语句讲述图意的一种活动。以各种各样的图片为讲述对象的讲述活动就是看图讲述。各种各样的图片指：教师提供的完整图片，包括教师自绘的以及出版印刷的图画；图片的半成品，针对这些图片幼儿可进行不同的排序、可拼成不同的图、可通过添画来形成完整的图片；完全由幼儿自己绘制的图画等。因此，看图讲述除了根据成品图片讲述外，还可以分为排图讲述、拼图讲述、添画讲述、绘图讲述等。

(1)排图讲述

排图讲述是指提供给幼儿数张没有固定顺序的图片，幼儿可以根据自己对图片所表现的内容的理解和想象，按一定的顺序排列图片，形成完整、连贯的情节，从而进行讲述的活动。排图讲述可以训练幼儿的判断和推理等思维能力。同样的图片因为幼儿理解的不同，就会排出不同的顺序，形成或直叙，或倒叙，或插叙的不同的故事内容。由此可以看出，这种讲述方式对幼儿的语言能力、思维能力的要求比较高，比较适合大班幼儿。在排图讲述过程中，通常有四个关键步骤，即“看、想、排、讲”，其中，“排”是手段，“讲”是重点。

(2)拼图讲述

拼图讲述活动提供给幼儿的不是现成的图片，而是可以组成图片的材料，包括各种塑料玩具、贴绒图片、磁铁图片、立体图片、七巧板等，这些材料涵盖了各种人物、动物、植物、地点、天气状况、标志等组成故事不可缺少的要素，还有为适应不同主题需要而提供的背景图。拼图讲述是幼儿根据一定的主题巧妙构思，自由地在背景图上拼接和摆放，从而拼成丰富多彩的画面内容，在此基础上结合想象，形成独特的富有创造性的故事的语言教学活动。因此，拼图讲述既发展了幼儿口语表达能力，又锻炼了幼儿的创造性思维。拼图讲述可以由幼儿独立完成，也可以由小组合作完成。在整个讲述过程中，幼儿可以完全按照自己的喜好和想象选择不同的地点、形象等，构思和创编故事。拼图讲述能充分发挥幼儿的主动性和创造性，实现在讲述活动中动手、动脑和动口的目的。同时，还可以发展幼儿的合作能力，增强幼儿与同伴交往的能力。

(3)添画讲述

添画讲述是一种图画语言与口头语言相结合、看图讲述与绘画相结合的综合性语言教学活动。其主要形式有以下几种。

①对简单的符号或图案的想象。即提供类似"—""～"等简单的符号对幼儿进行启发。教师可以向幼儿提问："这是什么？添画一笔或几笔能变成什么?"然后请幼儿根据添画结果进行讲述。

②对某种现象可能会产生的结果的联想。即给幼儿提供某种现象的画面条件(例如，树干被砍后留下的一个个小树桩)，让幼儿添画出这种现象可能会产生的后果，然后进行讲述。

③创编故事。教师给幼儿提供故事的开头或结果或中间的某个条件的画面，让幼儿添画出故事发展的结果或者产生结果的原因，又或者整个故事发展的原因和结果，然后根据自己的创编内容，进行完整的讲述。

(4)绘图讲述

所谓"绘图"，实际上包含了绘画、泥工、折纸、撕纸等各种幼儿可以完成的手工活动，将这些手工制作活动与讲述活动结合起来就构成了绘图讲述。

绘图讲述和看图讲述最大的区别是，幼儿各讲各的。即使围绕着同一个主题进行绘画讲述，幼儿也会根据自己的喜好构思情节，绘图表现。因为每名幼儿的作品都是独一无二的，所以他们的讲述内容也各不相同。因此，这一活动往往可以和美术的"意愿画"相结合，但要注意活动的侧重点应以幼儿的讲述为主。

2. 实物讲述

以生活中的实物作为对象(凭借物)进行讲述的活动就是实物讲述。这种讲述形式具有真实可感的特点。实物包含各种真实的玩具、教具、动植物、日常生活用品和外在的自然景物等。教师要注意引导幼儿有序地观察，突出实物的基本特征。在观察中或观察后，要求幼儿将实物的基本特征(形状、颜色、材料等)，用途和使用的方法等多方面的内容清楚地描述出来。实物讲述基本采用说明性讲述的核心经验来讲述，通常要求幼儿能够讲述实物的规范名称，讲述有关这个实物的知识，从而积累多方面的生活经验。

值得注意的是，实物讲述活动一定要与科学教育活动区分开，避免出现冲淡语言教育目标的本末倒置现象。以大班"各种各样的桥"的讲述活动为例，在幼儿讲述之前，教师前期的铺垫非常重要，通过和幼儿及家长共同收集各种关于桥

学习笔记

学习笔记

的图片、视频、知识介绍等资料的过程，让幼儿先对桥有一定的认知，在此基础上引导幼儿讲述各种各样的桥，其教学过程自然就会是以幼儿讲述、介绍各种各样的桥为主的语言教育活动，而不会变成以认识、了解各种各样的桥为主的科学活动的教学过程。因此，在组织这两种活动的时候，教师心中一定要很清楚活动所要达到的目标更侧重于哪个领域，这样就不容易出现教育类型偏差的问题。

3. 情境表演讲述

情境表演讲述是指幼儿观看某一情境表演，在教师的引导和帮助下，充分理解表演的内容，最终能够针对表演进行完整、连贯地讲述的一种语言教育活动。情境表演的主体可以是教师、幼儿、木偶、视频等，都具有“角色表演”和“连续活动”的特点。针对情境表演，幼儿需要讲述清楚表演的情节、对话、前因后果、发展过程。因此，在情境表演讲述中，幼儿需要集中注意力、认真观察、及时记忆、思考并展开想象，以便记住、理解表演的内容，并转化为自己的语言进行讲述。

情境表演的优点是具有现场效应、直观性强，能够有效地吸引幼儿的注意力，激发幼儿的兴趣，刺激幼儿讲述的欲望，活跃教学活动的气氛；缺点是前期准备较为复杂，对参与表演的幼儿的语言表达能力、表现力等要求比较高，往往给小班幼儿看的表演都需要借助于大班幼儿或木偶进行表演。

适合情境表演的内容应该是主题明确、情节简短明了、动作性强、对话简洁清晰、具有一定重复性、适合观察和记忆的。

在为幼儿讲述活动选择讲述对象(凭借物)的时候，要尽可能贴近幼儿的生活，可先从幼儿生活中常见却不常用、互动性强的凭借物入手，再选择幼儿乐意尝试的、没有见过的适宜的新鲜事物，激发幼儿的生活经验，提升想象的空间，启发更多的讲述内容。

五、谈话活动和讲述活动的区别 >>>>>>>>>>>>>>>>>>>>

谈话活动和讲述活动虽然都是提高幼儿语言表述能力的有效教学形式，但是属于不同的教学形式，其差别也是显而易见的。讲述活动对幼儿言语的目的性、独立性、创造性和连贯性以及对幼儿的思维、记忆、想象等能力方面的要求，都要比谈话活动高得多。

(一)目标侧重点不同

谈话活动注重培养幼儿的交流能力，讲述活动注重培养幼儿清楚、连贯地独立表述事物的能力。

(二)内容安排不同

谈话活动围绕一个幼儿有经验的话题进行交谈，讲述活动则围绕一个具体的物体进行讲述。因此，谈话活动没有凭借物，而讲述活动有凭借物。

(三)幼儿运用的语言类型不同

谈话活动中，幼儿的语言是双向或多向的，交谈的对象明确，话语比较简短；讲述活动中，交流对象不明确，一人讲解多人倾听，话语较长。

（四）幼儿运用的语言的性质不同

谈话活动具有对话性质，多运用的是在非正式场合使用的语言；讲述活动由幼儿独立完成，多运用的是在类似正式场合使用的语言。

（五）对幼儿语言的要求不同

谈话活动重在给幼儿营造说话的氛围，提供说话的机会，让幼儿敢说，对语句的正确性不做严格的要求；而讲述活动则将语言的正确性作为最基本的要求，在此基础上还要求幼儿掌握一定的讲述方法，如有重点、有顺序、有中心地完整讲述。

六、讲述活动的目标 >>>>>>>>>>>>>>>>>>>>>>>>>>>>

讲述活动的目标体系主要由以下三个方面构成。

第一，感知理解讲述对象的能力。

第二，独立构思与清楚、完整地表述的意识、情感和能力。

第三，掌握语言交流的清晰度的调节能力。

不同年龄班具体要求参考表 5-1。

表 5-1　不同年龄班的讲述活动目标①

班级	讲述活动目标		
	培养感知理解讲述对象的能力	培养独立构思与清楚、完整地表述的意识、情感和能力	培养语言交流的清晰度的调节能力
小班	能有兴趣地运用各种感官，按照要求去感知讲述内容。 理解内容简单、特征鲜明的实物、图片或主要事件。	愿意在集体面前讲述。 能有中心地用简短的语句正确地说出所讲述内容的主要特征或主要事件。	能安静地听教师或同伴讲述，并用眼睛注视讲述者。
中班	养成先仔细观察，后表达讲述的习惯。 逐步学会理解图片和情境中展示的时间顺序。	能主动地在众人面前讲述，声音响亮，句式完整。 学习按照一定的顺序讲述实物、图片和情境的内容。	能积极倾听别人的讲述内容，发现异同，并从中学习好的讲述方法。
大班	通过观察，理解图片与情境中蕴含的主要人物关系和思想感情倾向。	能有重点地讲述实物、图片和情境，突出讲述的中心内容，讲述时语言表达流畅，没有明显的停顿现象，用词用句较为准确。	在集体面前讲话态度自然大方，能根据场合的需要调节自己讲述的音量、语速、语气和语调。

以上均为年龄阶段目标，具体活动目标还需依据各班级幼儿语言发展情况和具体活动内容来制定。

① 参见张明红：《学前儿童语言教育(修订版)》，154 页，上海，华东师范大学出版社，2006。

练一练

请参考表 5-1，分组为以下三个案例制定切实可行的目标。

案例 1：大班看图讲述司马光砸缸的故事。图片简介：共有 3 幅图，第一幅图的内容是孩子们在户外爬假山，一个小孩失足往下跌落的场景，小孩下面是一个较大的水缸；第二幅图是其他小孩跑开的场景；第三幅图是司马光抱着一块石头把缸砸破了的场景。

案例 2：小班实物讲述“新玩具一起玩”。内容简介：根据班级幼儿玩玩具时会争抢的状况和班级购买了新玩具组织幼儿讲述。

案例 3：中班情境表演讲述“我会当小医生”。内容简介：根据班级活动区“医院”的游戏，组织幼儿表演医生怎么给病人看病，医生应该说什么及如何做，病人又应该说什么及如何做等。

学习主题 2
讲述活动的设计、组织与实施

学习笔记

如何设计和组织讲述活动，才能实现培养幼儿完整连贯地讲述的语言能力的目标呢？活动的组织有什么样的具体步骤吗？又有什么值得注意的地方呢？下面将从讲述活动的设计、组织与实施的框架和要点两个方面来阐述。

一、讲述活动的设计、组织与实施框架 >>>>>>>>>>>>>

（一）感知、 理解讲述对象

1. 目的

只有充分了解讲述对象，幼儿才能有话可说。因此，让幼儿感知讲述对象的目的就是激发幼儿参与活动的兴趣，帮助幼儿对讲述对象产生充分的了解和认知，为后面环节做好铺垫。

2. 方法

幼儿学习的最主要的方法和途径是观察。教师应根据活动内容，创设相应的情境，尽可能地调动幼儿的视觉、听觉、触觉、味觉、嗅觉等多种感知觉，让这些感知觉帮助幼儿充分观察、分析并了解、理解讲述对象，进而获得关于讲述对象的各种信息。一般来说，讲述活动多以调动幼儿的视觉为主。在有限的感知过程中，教师要针对讲述对象的关键点，运用形象的肢体语言、层层递进的语言、环环相扣的问题启发和引导幼儿学会重点观察。

在讲述活动中，启发和引导幼儿的最主要的方法和途径是创设情境和提问。创设情境既是为了激发幼儿的兴趣，也为了能在后面的环节中为幼儿提供了解讲述对象的环境。可以运用多种方式创设情境，如运用实物、图片、多媒体、听觉材料、语言、表演、实验、游戏、歌曲、悬念和回忆等为幼儿提供语言环境。教师应根据具体的活动内容灵活使用各种方式。通过提问，教师可以对幼儿的观察起到适当的“支架”作用。教师在预设活动时，根据活动的特点有目的、有计划、有针对性地设计问题。所设计的问题要尽可能是开放式的问题，能够启发幼儿的发散性思维和创造性思维。问题要能够启发幼儿观察、理解相关内容，促进幼儿思维的深入发展。

学习笔记

练一练

请为下面给出的案例创设合适的情境，以便有效地导入和展开活动。(给出三篇教案的开头创设情境的内容。)

案例 1：大班看图讲述司马光砸缸的故事。

案例 2：小班实物讲述“新玩具一起玩”。

案例 3：中班情境表演讲述“我会当小医生”。

3. 指导要点

第一，指导幼儿根据讲述类型的特点感知理解讲述对象。比如，要引导幼儿讲述司马光砸缸这一类的叙事性故事，就要帮助幼儿重点感知、理解事件发生发展的过程、相关的人物、地点、结果等，让幼儿感知、了解清楚整个事件的来龙去脉和前因后果。再根据不同年龄班幼儿的特点，确定讲述内容的难易程度。而描述性讲述，指导幼儿观察的重点则应该是物体的形态或人物的状态动作、特征以及像什么等。例如，针对“我最喜欢的东西”和“大雨小雨”这两个话题，教师就要引导幼儿把以下内容用具体、形象的语言描述出来：喜欢的是什么物品，它的外形是怎样的，喜欢它的理由；大雨是什么样的，小雨是什么样的，甚至暴雨是什么样的，会给人类带来哪些不同的影响等。

第二，指导幼儿根据凭借物的特点感知、理解讲述对象。第一、第二两点实际上说的是教师应针对两种不同分类方式的讲述活动的特点来指导幼儿进行重点观察凭借物。所谓凭借物，就是看图讲述中的图、实物讲述中的实物(包括音乐)和情境表演讲述中的表演。在看图讲述活动中，教师要重点引导幼儿观察图片上的内容，甚至根据图片之间的关系和线索去推测、想象图片中没有表现出的情节；在实物讲述活动中，教师要重点引导幼儿有序地观察，突出实物的基本特征(形状、颜色、材料)以及功用等；在情境表演讲述活动中，教师要重点引导幼儿观察表演的情节、人物、对话，甚至揣摩人物的心理。例如，情境表演讲述“一把椅子”，教师除了可以引导幼儿说出表演的情节外，还可以引导幼儿回答“明明坐下来时被椅子上的钉子扎了一下，明明是什么心理？兰兰用小锤子钉钉子时，明明、小红和小军又会是一种什么心理?”

第三，根据具体活动的要求引导幼儿观察、感知。每个活动的目标都不一样，有的要求幼儿有中心、有重点地讲述，有的要求幼儿有顺序地讲述。例如，中班情境表演讲述“我会当小医生”，教师首先要注意引导幼儿观察、了解看病时要先做什么，再做什么，最后做什么，弄清楚看病的过程；其次要让幼儿知道“医生”应该做哪些事，怎样和“病人”说话，“病人”又应该怎样描述自己的病情等。由此

学习笔记

可见，幼儿的观察方法是否正确，观察是否有序，直接影响幼儿的讲述思路和讲述效果。因此，教师还必须根据具体活动的要求引导幼儿观察、感知讲述对象，积累讲述内容。

温馨提示

第一，情境的创设要符合讲述对象(凭借物)的特点，重点突出，和讲述的内容紧密结合，不能太繁杂，包含的信息也不能太多，否则给幼儿的视觉冲击过大，容易分散幼儿的注意力。应该紧扣目标、抓住孩子的兴趣点。例如，在看图讲述司马光砸缸的故事时，可以通过将问题情境前置的方式来吸引幼儿的兴趣和注意力。教师可以提问："如果有人掉到大缸里，用什么办法来帮助他?"设置这样的情境不仅能紧紧扣住讲述的内容，而且从一开始就能以紧张的气氛和疑问调动起幼儿参与活动的兴趣。

第二，如果凭借物的特点比较复杂，那么，不仅要在活动中引导幼儿感知、理解讲述对象，还要在活动之前就引导幼儿做相应的知识准备，以满足讲述过程的需要。例如，针对"大雨小雨"这一话题，教师应就大雨、小雨、暴雨等表现出来的不同的外在特点、造成的不同结果等内容，引发幼儿在讲述活动前做好充分的准备，这样在讲述活动中幼儿才能有话可说。

第三，提问要有针对性、启发性，引导幼儿的具体思考，留给幼儿思考的空间。提问不能过于频繁，若把幼儿变成回答问题的机器，会使其缺乏自己的思考。

练一练

请选择一个案例，在分析、讨论的基础上，根据不同的年龄班，设计合理的问题。

案例 1：看图讲述。

案例 2：实物讲述。

案例 3：情境表演讲述。

（二）运用已有经验进行讲述

1. 目的

在前面观察、感知、理解讲述对象的基础上，幼儿已经积累了一定的认知经验。在此基础上，教师应鼓励幼儿运用自己的语言将这些已经具备的经验表述出来。

2. 方法

幼儿学习的主要方法和途径是自由讲述，包括集体讲述、小组讲述和个别讲述。

(1)集体讲述

虽然组织形式是以集体为主的，但是讲述的内容、角度和语言是由幼儿根据自己的已有经验决定的，教师不做规定和提示。教师应给予每名幼儿围绕凭借物充分、自由发表个人见解的机会。

(2)小组讲述

幼儿分成小组进行讲述，一般每组不超过 4 人。这种方式有助于增加个体讲述的机会，满足每名幼儿讲述的欲望，还会在组内形成一定的交流。

(3)个别讲述

通常的组织形式可以是幼儿和身边的一位同伴结伴一对一地讲述，也可以是幼儿自己对着讲述对象讲述。

教师教的主要方法和途径是通过插话、插问的方式起到隐性指导的作用。

3. 指导要点

第一，教师应尽量放手让幼儿自由讲述，尽可能多地了解具备不同语言能力的幼儿的表述情况。

第二，讲述要求要在幼儿自由讲述之前交代清楚，以引导幼儿有针对性地围绕凭借物进行讲述。

第三，教师要注意倾听幼儿的讲述，及时发现幼儿讲述中的闪光点和问题，在幼儿讲述完成之后通过插话、插问等方法适宜地指导幼儿的语言表述。

第四，可通过模仿和表演、想象、猜测等方法增加幼儿讲述的趣味性。例如，请幼儿讲述一幅图的内容，请其他幼儿猜测并迅速找出与之相对应的图片。

想一想

请说出在讲述活动中怎样增加幼儿讲述的趣味性。

学习笔记

温馨提示

第一，注意避免少数幼儿讲述而多数幼儿被动地听的局面。

第二，教师的指导和评价不能干扰幼儿的讲述思路，即幼儿在讲述时，教师不要随意打断，应等待幼儿讲述完之后再进行必要的引导和帮助。

（三）引进并学习新的讲述经验

1. 目的

在幼儿自由讲述的基础上，对幼儿的讲述提出更高的要求，帮助幼儿学习新的讲述经验，进一步提高幼儿的讲述水平。学习新的讲述经验是每次讲述活动的重点，包括学习新的讲述思路和讲述方式。

第一，讲述思路是指厘清讲述时的顺序和条理，确保讲述的重点内容不会遗漏和讲述的顺序不会颠三倒四，也就是厘清先说什么、后说什么、重点说什么。例如，在幼儿最初接触看图讲述时，教师往往会通过四个问题来帮助幼儿厘清讲述图片内容的顺序和条理：图上有谁？在什么地方？什么时间？发生了什么事？(当然这四个问题并不是所有图片都会用到的，具体问题要根据图片的具体内容来确定，若有的图片中关于时间的概念并不突出，就可以忽略这个问题。)

第二，讲述方式包括以下两个方面。一是帮助幼儿学会突出感知、理解讲述对象的重点内容，针对重要的内容讲述语言要丰富；针对不重要的内容讲述语言要简短，一带而过。二是引导幼儿按照一定的顺序讲述，例如，从上到下、从左到右、从大到小、从近到远、从表面到本质。这些方式有助于幼儿清楚、有条理地进行讲述。

想一想

教师怎样引进新的讲述经验？

学习笔记

2. 方法

第一，教师示范新的讲述经验，供幼儿参考和模仿。

第二，教师通过提问(提示)潜移默化地改变幼儿的讲述思路。

第三，组织幼儿针对个别幼儿的具体讲述内容进行讨论，开拓新的讲述思路。

3. 指导要点

第一，示范法。教师示范新的讲述经验，即针对幼儿讲述的某一对象，在幼儿讲述的基础上表述自己的见解。教师可针对幼儿的年龄特点，或亲自示范，或请语言发展能力强的幼儿示范，为幼儿提示新的讲述经验，供幼儿模仿，并在幼儿获得较多的讲述经验基础上，鼓励幼儿大胆讲述。教师可结合不同的讲述对象，采用诸如“对话的泡泡框”“问号”等图示或者图标给出提示，鼓励幼儿展开差异性思维和想象，充分想象画面以外的情节，或揣摩人物的内心活动等。

第二，图示法。帮助幼儿认识讲述的基本要素——人物(动作、对话、内心感受等)，时间，地点，事件(发生、发展、过程、结果)，确保讲述的内容比较全面、完整。

温馨提示

第一，教师的示范能够启发幼儿，起到引导幼儿思路的作用。教师不应让幼儿机械复述，而应根据幼儿的不同语言表述能力鼓励幼儿或模仿，或在了解、学习新的讲述思路的基础上运用自己的语言表述，提高幼儿表述的积极性和创造性。

第二，讲述内容要根据具体的讲述对象做到重点突出，有详有略，而不是面面俱到。

(四)巩固和迁移新的讲述经验

1. 目的

为幼儿提供实践的机会，练习和巩固前面掌握的新的讲述经验。

2. 方法

第一，为幼儿创设“直接巩固讲述内容”的情境，即在幼儿掌握了本次活动的新的讲述经验后，改变讲述的情境供幼儿直接运用所掌握的新的讲述经验。例如，幼儿学习了“各种各样的标志”的讲述思路后，教师带领全班幼儿开办“标志展”，向全园的幼儿以及教师和家长介绍各种标志。

第二，为幼儿创设“迁移讲述内容”的情境，即在幼儿学习了新的讲述经验后，教师提供同类中另一种不同的对象供幼儿迁移讲述经验去讲述。例如，幼儿学会了讲述一件玩具的方法后，教师立即提供同一类玩具中其他的玩具供幼儿讲述。

第三，运用对比法总结讲述经验。可以是教师与幼儿进行对比，也可以是两名有差距的幼儿进行对比。教师应鼓励幼儿对比不同的讲述方法和内容，找出自己喜欢的讲述经验进行学习和模仿。① 这里的对比，重点是比较出不同的讲述内

① 张甜：《如何开展中班排图讲述活动——记一次同课异构活动的教研实录》，载《东方宝宝(保育与教育)》，2017(2)。

容和方法，而不是谁讲得更好。教师应引导幼儿以更加开放的态度来学习不同角度的讲述方式。

第四，为幼儿创设“创新讲述内容”的情境，即在原有讲述内容的基础上，提供给幼儿一个扩展或延伸原讲述内容的机会。排图讲述和拼图讲述都很适合用这种方式来巩固和迁移，同样的图片根据不同的排图顺序就可以得出不同的讲述内容；同样的材料，组合方式不同、拼成的内容不同，讲述的内容也不相同。

学习笔记

温馨提示

在“直接巩固讲述内容”的练习中，要注意避免幼儿变成“复读机”去机械地复述前面的讲述，而应鼓励幼儿有创造性地运用新的讲述经验。

二、讲述活动的设计、组织与实施要点 >>>>>>>>>>>>>>>>

（一）对幼儿的讲述给予及时、恰当的评价和反馈

首先，教师应不断捕捉幼儿讲述过程中的闪光点，及时地给予赏识和积极的肯定与鼓励，让幼儿体验到积极思考的成功感和大胆想象后展开讲述的乐趣。其次，教师在讲述过程中不仅要关注讲述者，而且要关注倾听者，及时对倾听者给予评价，帮助幼儿养成良好的倾听习惯。最后，教师还应关注幼儿的创作过程，对于幼儿在创作过程中的积极性、创造精神、创造能力的发挥给予积极的评价，而不是过于追求讲述的结果。①

（二）遵循幼儿语言发展规律和学习特点

讲述活动的设计与组织过程需遵循幼儿语言发展规律和学习特点，在目标落实、重难点把握、环节设置、情境创设过程中充分关注幼儿的已有经验，以“量力性原则”或“可接受性原则”为基本原则，使幼儿在活动中能够有效地进行语言交流和运用，促进语言发展。②

（三）为幼儿创设自由、宽松的语言交往环境

《纲要》指出：“创造一个自由、宽松的语言交往环境，支持、鼓励、吸引幼儿与教师、同伴或其他人交谈，体验语言交流的乐趣”“鼓励幼儿大胆、清楚地表达自己的想法和感受，尝试说明、描述简单的事物或过程，发展语言表达能力和思维能力”“创设一个能使他们想说、敢说、喜欢说、有机会说并能得到积极应答的环境”。教师可以根据讲述的内容设置游戏的内容，如在讲述的过程中引入木偶来和幼儿对话等；或者是调动多通道感官，鼓励幼儿在讲述的过程中“听、说、看、做”“说中有听、听中有看、看看做做”③，如一边讲述一边模仿动作、表情等，增强讲述活动的趣味性，激励幼儿主动积极地讲述，让他们在自己感兴趣的活动中

① 张甜：《如何开展中班排图讲述活动——记一次同课异构活动的教研实录》，载《东方宝宝(保育与教育)》，2017(2)。

② 李艳红：《聚焦儿童立场，优化讲述活动——以大班语言活动〈追寻幸福的蜗牛〉为例浅谈讲述活动》，载《新课程(综合版)》，2019(6)。

③ 应吉凤：《培养幼儿讲述能力的原则与方法》，载《家教世界》，2016(C2)。

学习笔记

不知不觉、自然大方、语言流畅地讲述。

(四)尊重幼儿的个性差异

在班级中经常会有性格内向的幼儿不愿意或者不积极参加讲述活动，这个态度取决于他们对讲述内容的感兴趣程度；同时，也有性格外向的幼儿会急着表达，而不太考虑语言的准确性和完整性。因此，在这个过程中，教师要帮助性格外向的幼儿更加有意识地表达内容，鼓励他们充分观察和思考，突出重点，保持大胆讲述的特点；对于性格内向的幼儿，既要鼓励但又不要强求，适时增强幼儿讲述的成就感和自信心，同时要有意识地在幼儿比较放松的生活环节中，不知不觉地引导幼儿讲述，如在游戏活动的时候，有意识地以某一角色和幼儿对话。

(五)在一日生活各环节、各领域中发展幼儿讲述能力

将讲述活动贯穿于幼儿一日生活的各个环节及各个领域，在较为自由的形式中发展幼儿的各种讲述能力。

《3—6 岁儿童学习与发展指南》(以下简称《指南》)指出："幼儿语言的发展贯穿于各个领域。"因为幼儿讲述能力的发展并不仅仅局限在集体讲述活动中，所以教师还应有意识地将对幼儿的语言教育贯穿在一日生活中的不同环节中，充分地和不同的领域相结合。

陶行知先生提出了"生活教育理论"，主张"生活即教育"，因此，讲述活动可以充分地和幼儿的一日生活的不同环节相整合。例如，在开学的晨间谈话中，请幼儿说说在假期中有趣的事情；或是结合幼儿在自然角的观察经验，请幼儿在集体面前介绍自己的发现；或是在餐前准备活动中聊一聊今天的饭菜是什么，喜不喜欢等；或是在游戏的结束环节，鼓励幼儿说一说今天的游戏经历。教师应有意识记录幼儿游戏中的不同表现，组织幼儿发现问题、解决问题等。在一日环节中的讲述活动往往具有"时长不固定、形式较自由、内容不受限"①等特点。

讲述活动还可以和不同的领域相整合。如请大班的幼儿开展"天气预报""新闻播报"等讲述活动，鼓励幼儿针对生活现象展开辩论等；鼓励幼儿制作自己的小书并讲给同伴听；鼓励幼儿讲述自己绘画的内容，记录下幼儿当下的想法，反映幼儿的内心世界等。

(六)讲述活动中要注意问题的有效性②

第一，问题设计应符合幼儿年龄特点、能力水平，贴近幼儿的发展需求。例如，针对小班幼儿的提问要越具体越好，要结合具体的讲述对象，引导幼儿直观地观察，特别是针对细节进行观察，启发幼儿根据生活经验展开讲述；针对中班幼儿的提问要有目的性、启发性，鼓励幼儿能围绕问题有中心地说；针对大班幼儿具有了初步的抽象概括能力的年龄特点，要注意提问的逻辑性、思想性，要能促进幼儿的逻辑思维能力的发展。

第二，问题提出要考虑指向性、层次性，遵循循序渐进原则。讲述活动的讲述对象一般指向性明确，因此在提问的过程中问题要紧扣活动目标，重点突出。根据幼儿的思维特点，问题要由主到次、由浅入深、由易到难。

第三，提问要抓准发散点，突出转折点，引导幼儿进行思考和想象。这一点

① 李紫阳：《幼儿园餐前讲述活动的价值探析》，载《山东教育》，2018(32)。
② 吴婷婷：《幼儿园看图讲述活动中有效提问的策略》，载《教师》，2016(15)。

要求教师要在讲述活动前充分了解讲述对象，分析讲述对象的特点和内在联系、逻辑顺序以及幼儿已有的知识经验、语言表述能力等，及时捕捉讲述过程中可以启迪幼儿发散思维的环节。例如，在看图讲述的活动中强化突出情节发展的转折点，一步步突破幼儿思维的局限，扩展幼儿思维的广度。

第四，活动中要及时把握提问的时机，合理控制提问的节奏、频率，善于等待和引导。一般来说，讲述活动的提问可以分为描述性、判断性、推想性、分析性、比较性、想象性和追究性等几类。要根据讲述的不同对象、不同进度选择适宜的问题类型，根据教学活动的推进，时而选择难度较低的封闭式问题，时而选择难度较高需要幼儿思考、分析、总结、想象的开放性问题，让幼儿的讲述能够紧紧围绕讲述活动张弛有度地展开。

学习笔记

活动案例

一、活动名称

看看、讲讲幽默画《父与子》(中班)。

二、活动目标

①让幼儿初步接触幽默画，激发其对幽默画的兴趣。

②让幼儿体验幽默画中所蕴含的趣味，大胆说出自己对画面的理解。

三、活动准备

图书《父与子》、书中的一张展现父与子形象的图片、书中的两组作品图片。

四、活动过程

(一)教师介绍图书《父与子》，让幼儿认识父与子的形象

①调动经验。教师："你们有没有看过这本书？"

②理解名称。教师："'父与子'是什么意思？"

③认识形象。教师："爸爸长得怎么样？"

(幼儿讲述实录："这么胖。""头发也没有了。""肚子很大。""看上去有点像一个老爷爷。")

教师："再看看宝贝儿子长得怎么样？"

(幼儿讲述实录："哎呀，这么瘦。""像面条一样瘦。""长得一点儿也不像爸爸。""爸爸的头发很少。""头发很乱。")

(二)观察讲述第一组图片《救火》

①教师出示图片1："看懂了吗？屋子里怎么会有烟？"

(幼儿讲述实录："妈妈在烧饭。""水开了。""是着火了。""好像是在家里放鞭炮吧！""没有人在家里放鞭炮的，是在烧饭吧！")

②教师出示图片2："我们是这样想的，看看儿子是怎么想的？"

(幼儿讲述实录："儿子认为着火了，他在倒水。")

教师及时提醒："这个动作叫什么？猜猜结果会怎么样？"

(幼儿讲述实录："倒水。""浇水。""泼水。")

(幼儿讲述实录："爸爸要骂他了，把家里弄得湿漉漉的。""如果是真的着火了，爸爸还要谢谢他了。""火会被扑灭的。""这下家里要变游泳池了。")

③教师出示图片3：(幼儿大笑)"你们在笑什么？"

(幼儿讲述实录："爸爸像个落汤鸡。""儿子大吃一惊，嘴张得大大的。")

学习笔记

教师:“儿子看到爸爸这个样子会怎么想?又会说什么?”

(幼儿讲述实录:“对不起,爸爸。”“误会了。”“儿子想救火,没想到把爸爸浇湿了。”“儿子吓得话都说不出来了。”)

④教师:“谁可以把这几幅图的意思连起来说一说?”

(三)观察讲述第二组图片《有趣的书》

①教师出示图片1:“吃饭了,吃饭了,咦,这是什么意思?”(观察“?”和妈妈的手势。)

(幼儿讲述实录:“儿子不见了。”“他一定在外面踢足球吧。”“把他找回来,吃饭了。”)

②教师出示图片2:“爸爸会说些什么呢?”

(幼儿讲述实录:“不要看书了,快去吃饭吧!”“趴在地上看书,很脏的。”“吃完饭再看书吧!”)

③教师出示图片3:“孩子们,请大家自由地说说自己从图中发现的内容吧!”

(幼儿讲述实录:“爸爸怎么不见了。”“大概公司有事情,去加班了。”“他上厕所去了。”“他不想吃饭了。”)

④教师出示图片4:(幼儿大笑)“原来爸爸在看书呀,儿子会怎么想呢?”

(幼儿讲述实录:“爸爸在学我的样儿。”“爸爸在看小人书,真好玩。”“爸爸也喜欢看书呀!”“儿子会让爸爸快去吃饭。”“好呀,叫我吃饭,他自己却在看书。”)

教师:“这是一本怎么样的书?”

(幼儿讲述实录:“一定是笑话书。”“很好玩的书。”“是不是手工书?我喜欢手工书。”“一定是很有趣的书。”)

⑤请幼儿将四幅图片连起来,完整讲述图片内容。

⑥教师延伸:“碰到这样一本有趣的书,还可能会发生什么事?”

(幼儿讲述实录:“一会儿爸爸去看书,一会儿儿子去看书,饭也吃不成了。”“大家一起去看书。”“爸爸和儿子一起看书,妈妈还不知道是怎么回事呢!”)

教师:“来看看老师是怎么想的?”(出示备用图)(幼儿笑了)

(四)结束

①教师:“你们听了、看了这些有趣的故事,觉得怎么样?”

(幼儿讲述实录:“真好玩!”“太有趣了!”“像笑话一样的!”“我很开心!”)

②教师:“在这本书中,还有许多这样有趣的故事,大家可以去图书角看看。”

五、活动评价

教师应针对幼儿的回答给予更有引导性的指导。

思考与练习

1. 写一篇讲述活动的教案,类别不限。
2. 请说明在讲述活动中如何发展幼儿独立讲述的能力。

专题六
幼儿园听说游戏活动

学习目标

1. 了解听说游戏的特点、分类和作用。
2. 掌握听说游戏的设计、组织与实施的方法。

情境案例

小班的王老师组织幼儿玩“猜猜我是谁”的听说游戏，王老师交代了游戏的玩法：“每名小朋友都介绍下自己最要好的朋友，但是介绍时不能说出小朋友的名字……”当幼儿都明确玩法后开始游戏。可是现场游戏场面却非常混乱，还没等描述的幼儿说完，下面的幼儿就你一言我一语地猜起来。

你知道问题出在哪里吗？

____

____

____

本专题思维导图

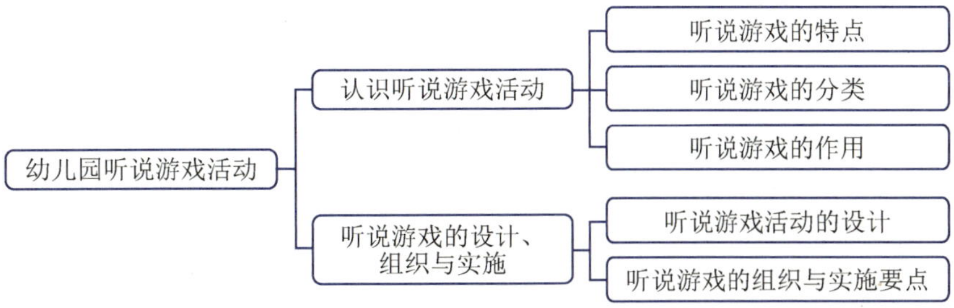

学习主题 1
认识听说游戏活动

学习笔记

听说游戏是以游戏的形式发展幼儿听与说的理解能力、表达能力的语言教育活动。它通过游戏的情境让幼儿在轻松愉快的活动中完成语言学习的任务，是游戏与教学有机整合的语言教育活动，能促进幼儿在游戏中练习口语表达，使得幼儿的“听”和“说”都处于积极状态，受到幼儿的喜爱，可以有效地促进幼儿倾听、理解、表达能力的发展，并能产生事半功倍的教育效果。①

一、听说游戏的特点 >>>>>>>>>>>>>>>>>>>>>>>>>>>>

（一）语言教育目标明确

每一个听说游戏都包含对幼儿语言发展的具体要求，或是发展幼儿的语音，或是发展幼儿的词汇，或是发展幼儿的语句，或是发展幼儿连贯表述的能力等，体现了对幼儿语言形式、语言内容和语言运用中某一具体方面的发展要求。

这些具体的语言发展的要求源于幼儿近阶段语言发展的需求或者是出现的问题等方面，教师要有意识地通过听说游戏来满足幼儿语言发展的需要，解决幼儿语言发展中的问题。

（二）游戏规则明确

每一个听说游戏都具有一定的游戏规则。根据规则，幼儿可以明确自己在游戏中要做什么、怎么做，要说什么、怎么说等。规则体现了游戏的公平性，因此，每一名参与游戏的幼儿都必须遵守。幼儿为了遵守规则就要付出一定的努力，就要关注自己的言行是否符合游戏规则的要求。在熟悉了规则之后，幼儿将会积极主动地尝试自主游戏。因此，规则也会提高幼儿参与游戏的兴趣。规则不是随意制定的，而是根据具体活动的目标和内容，由其中重点的学习内容转化而成的。例如，“山上有个木头人”的游戏规则如下：①要一边念儿歌一边做动作(重点就是通过儿歌纠正幼儿的发音)，儿歌念完后不能动也不能发出声音；②谁动了或者是发出声音了，就要接受相应的惩罚(例如，把手伸给同伴，同伴就要拉着他的手说那句话并做相应的动作)。

（三）重视游戏的结果

理想的听说游戏的结果就是达到该游戏的目的，完成学习任务，提升语言能力。理想的游戏结果将对幼儿产生激励效应，激发幼儿继续游戏的积极性。所以，教师在组织游戏时应该追求理想的游戏结果。

值得注意的是，不是所有幼儿都能在一次活动中就达到教师的要求。例如，“山上有个木头人”这个游戏，有一些发音受方言影响比较重的幼儿，不可能在这

① 蒙萌、龚国莲：《记一次语言听说游戏活动的三次建构》，载《东方娃娃(保育与教育)》，2019(9)。

个游戏中马上有所改变，还要在以后的教学和生活中反复练习，所以教师要注意不能过度强求结果。

（四）具有半活动半游戏性质

听说游戏兼有游戏和活动的双重性质。从整个活动的组织形式上看，具有从活动入手，逐步扩大游戏成分的特征。听说游戏带有明确的学习任务，但这种学习任务是渗透在游戏中的，能让幼儿在轻松愉快的氛围中自然完成学习。在活动一开始的时候，教师需要帮助幼儿理解活动的内容，交代游戏的规则，并且示范游戏的玩法，然后带领幼儿开展游戏，因此，活动的性质比较明显。在幼儿逐步掌握和熟悉游戏的玩法与规则后，可放手让幼儿独立进行游戏，此时游戏的性质就重了。

所以说，语言教学游戏的教学过程以活动的方式引入，以游戏的方式结束。教师的主导作用在活动开始时体现得非常明显，而一旦幼儿的游戏水平提高，教师的主导作用就会慢慢被削弱，直至幼儿能够自主进行游戏为止。

教师的角色也从开始的指导者转换为参与者，最后变为旁观者。

大部分听说游戏都是和儿歌相对应的，把在节奏分明的儿歌编成适宜的游戏，融诵、唱、戏、为一体，能增强游戏的趣味性。例如，听说游戏“拉大锯”：“拉大锯，扯大锯，姥姥家门前唱大戏。你也去，我也去，大家一起去看戏。”节奏明快、朗朗上口，幼儿一边诵读一边可以和教师、父母、同伴一起做各种游戏动作。

（五）互动性强

听说游戏不是幼儿自发的语言游戏，参与者不止一个人，游戏过程中需要双方或者多方相互交流，保持注意和关联。①

二、听说游戏的分类 >>>>>>>>>>>>>>>>>>>>>>>>>>>>>>

听说游戏主要有以下四种类型。

（一）语音游戏

语音游戏是以练习正确发音和提高辨音能力为目的的活动，重点是帮助幼儿练习令他们感到困难的发音和容易发错的音。例如，听说游戏“高高山上一条藤”就是帮助幼儿发准“藤、停、铜、铃”等字的后鼻音。幼儿的听觉器官和发音器官尚未完全发育成熟，常常口齿不清、发音混淆，如把“哥哥”说成“得得”，把“小狗”说成“小斗”等，如果在幼儿阶段不纠正他们的错误发音，到了成年以后就难以纠正。而年龄小的幼儿经过一段时间的正规训练之后，错误的发音一般都能得到矫正，所以在幼儿期加强语音的正确训练十分重要。幼儿发音不准主要有两个方面的原因：一是发音系统尚未发育完善或发音系统天生有缺陷，如俗称的“大舌头”常常会影响幼儿发音；二是受地区方言的影响。除此之外，语音游戏还可以帮助幼儿练习普通话的声调、发声用气等。语音游戏的形式和结构都比较简单。

（二）词汇游戏

词汇游戏是以丰富幼儿的词汇量和使其正确运用词汇为目的的活动。这类游

---

① 肖皓：《通过听说游戏促进幼儿语言能力的发展》，载《教育导刊》，2016(8)。

学习笔记

戏主要侧重于帮助幼儿正确地运用词汇发展认知能力和抽象思维能力。丰富幼儿的词汇量不仅要依靠这种集中的形式，而且要依靠在日常生活的语言环境中的积累。

例如，听说游戏“谁来了”是训练小班幼儿正确运用“跳、游、跑、飞、爬”等动词的游戏活动，幼儿会根据教师提供的图片上的动物使用对应的动词，在游戏中提高思维的敏捷性。又如，“词语接龙”是家长和教师都经常组织的一种非常有趣和有效的语言游戏，适合掌握了一定词汇量的中班、大班幼儿。

（三）句子游戏

句子游戏是以训练幼儿按语法规则组词成句，并能熟练运用不同句式为目的的活动。学前阶段是幼儿句法习得和发展的重要阶段。幼儿除了在日常生活中习得并运用一定的句法外，教师还可以根据幼儿近期句法发展的状况，有意识地通过听说游戏来帮助幼儿进行集中学习和训练，帮助幼儿迅速学习和熟练使用某一种句法规律。例如，听说游戏“他有什么”主要是教幼儿学习使用“我有……你有……他有……”的句型。

（四）描述性游戏

描述性游戏是以训练幼儿运用较连贯、完整的语言，具体、形象地描述事物为目的的活动。对幼儿的综合语言能力要求较高，一般适宜在中班、大班开展和组织。例如，听说游戏“奇妙口袋猜猜”，教师在口袋里装上幼儿喜欢和熟悉的各种物品，分别请幼儿到口袋里摸，摸物品的幼儿不能直接告诉大家自己摸到了什么，而要自己偷偷地看清楚，然后用自己的语言从形状、大小、材质、作用等几个方面介绍，让其他幼儿猜一猜到底是什么物品。通常这个游戏要到中班下学期或大班才可以组织和开展。

三、听说游戏的作用 >>>>>>>>>>>>>>>>>>>>>>>>>>>>>

（一）激发幼儿学习语言的兴趣

听说游戏因为有了游戏的成分，与其他类型的语言教育方式相比，更具娱乐性，也更容易激发幼儿的兴趣，从而使幼儿的学习热情更高，效果更好。

（二）促进幼儿智力发展

听说游戏属于智力游戏的一种，由教师设计组织，有明确的学习目标、规则和结果要求。在整个活动的过程，幼儿需要理解游戏玩法、理解并遵守游戏规则、判断游戏结果等，这些不仅需要语言的参与，而且需要幼儿观察、记忆、分析、判断、表达，因此有利于幼儿智力的发展。

（三）提高幼儿语言学习和运用的能力

听说游戏为幼儿提供了轻松愉快的语言运用的环境，不同类别的游戏活动，可以促进幼儿学习语音、词汇、句法，促进其连贯表述能力的发展，促进幼儿在口语交往活动中快速、机智、灵活地倾听，发展表达能力。

第一，听说游戏能为幼儿的语言发展营造自由、愉悦的氛围，激发幼儿参与活动的热情。《指南》中指出“幼儿期是语言发展，特别是口语发展的重要时期”“幼儿的语言能力是在交流和运用的过程中发展起来的”。因此，听说游戏往往被教师充分地和不同领域的教学活动相结合，作为情境导入，寓学于乐，学玩结合，激发幼儿参与活动的兴趣，为幼儿创设“想说、敢说、喜欢说”的语言环境。例如，将听说游戏“开火车”和歌曲《开火车》相结合；或将听说游戏和数学活动、身体认知活动等相结合。例如，在幼儿熟悉“下雨”这一情境后，教师可鼓励幼儿根据自己的想法创编，将“小雨点，沙沙沙，落在……的……”这一句子补充完整。

第二，在一日生活的不同环节中促进幼儿语言能力的发展。因为听说游戏以“听”和“说”为主，基本不受时间和空间的限制，而且具有游戏性，能带给幼儿愉悦的体验，所以可以作为教师在一日生活中不同环节的有效组织内容来促进幼儿的语言发展。例如，教师在晨间接待中，用“回声”这一听说游戏和小班幼儿互相打招呼，激发幼儿使用语言的主动性；或者在餐前活动时间和幼儿一起玩各种手指游戏等。

第三，可以有效促进幼儿倾听能力的发展。在听说游戏中，要想游戏目的能够有效实现，幼儿需要具有良好的倾听习惯，首先是能够不急于打断别人的话，其次是能够听懂并理解有关游戏玩法和规则的介绍等。

学习笔记

学习主题 2
听说游戏的设计、组织与实施

一、听说游戏活动的设计 >>>>>>>>>>>>>>>>>>>>>>>>>

（一）教师创设游戏情境

1. 目的

集中幼儿的注意力、激发幼儿的活动兴趣、明确本次活动的内容。

2. 方法

概括起来，有以下几种创设情境的方式。

第一，运用语言创设情境，包括猜谜、谈话等形式。例如，在听说游戏“请你猜猜在哪头儿”中，教师模拟公鸡和母鸡的叫声引起幼儿的兴趣，也是运用语言创设情境的一种。

第二，运用实物创设情境。例如，在听说游戏“照镜子”中，教师可直接出示实物“镜子”，激发幼儿照镜子的兴趣，从而导入活动中。又如，在“白鹅下河”的游戏中，教师通过用海绵垫子造出“河流”，为每名幼儿准备“白鹅”头饰，为幼儿创设愉悦、童真的情境。① 再如，在大班听说游戏“说相反”中，教师和幼儿共同收集材料(大小不同的球、长短不同的绳子、厚薄不同的书等)，创设“相反王国”的游戏场景，而后教师引导幼儿观察、触摸、比较，感知两种对比实物之间的不

① 王岩亭：《巧用听说游戏，多维度促进小班幼儿语言发展》，载《中华少年》，2019(23)。

学习笔记

同，从而激发幼儿参与活动的兴趣。

第三，运用图片设置游戏情境。

第四，运用动作创设情境。

第五，运用情境表演创设情境，如教师表演的魔术。

3. 指导要点

在实际教学过程中，教师不应局限于使用某一种创设情境的方式，而应组合运用多种形式，充分调动幼儿的积极性，鼓励幼儿大胆地表达。

温馨提示

第一，创设的情境要自然、切合幼儿的年龄特点和活动内容本身。

第二，情境要简洁、生动和准确，不能喧宾夺主，也不能离题。

练一练

听说游戏“请你猜猜在哪头儿”除了可以模拟公鸡叫、母鸡叫创设情境，还可以用哪些方法创设情境？请先判断这个游戏适合哪个年龄班，再分组讨论、互相交流。

游戏名称：“请你猜猜在哪头儿”。

游戏玩法：一边朗读儿歌，一边做相应动作。儿歌结束后，教师两手背在身后，在一只手中藏一颗黄豆，请幼儿猜一猜黄豆究竟在哪只手中。

公鸡头，(手握拳，拇指向上，伸出右手。)

母鸡头，(手握拳，拇指向上，伸出左手。)

公鸡母鸡吃黄豆，(两拳相对，两拇指点点头。)

请你猜一猜：(两手背在身后，交换物品。)

黄豆，黄豆在哪头儿？(双手仍保持握拳状，拇指向上，向前伸出。)

（二）介绍游戏玩法和规则

1. 目的

教师布置任务，讲解要求，使幼儿明确游戏的玩法。

2. 方法

示范和讲解相结合。

第一，教师讲解和示范。

第二，教师讲解，幼儿示范(中班、大班)。

3. 指导要点

第一，语言简洁明了，重点突出。

第二，交代清楚游戏的顺序和游戏中的语言，让幼儿明白在游戏中按照规范要说什么、怎么说；了解游戏的先后顺序：先做什么、再做什么，什么角色做什么。

第三，可通过提问的方法帮助幼儿理解游戏的规则。

第四，在幼儿逐步了解、掌握游戏的玩法和规则后，教师要适时“退位”。

温馨提示

教师在讲解的时候语速要慢，要保证幼儿能够听清楚，特别是在游戏中要让幼儿模仿的语句。

练一练

在听说游戏“请你猜猜在哪头儿”中，教师要向幼儿示范和讲解游戏的规则如下。请在合适的年龄班开展这个游戏。

第一，这个游戏需要两个人参加，手拿黄豆的幼儿为表演者，同伴为猜测者。

第二，表演者边念儿歌边做动作，并将黄豆放在一只手中，儿歌结束后伸出两个拳头，请同伴猜猜黄豆藏在哪只手里。

第三，若同伴猜对了，就将手里的黄豆交给他(她)，交换角色，重新开始游戏；若同伴猜错了，游戏继续进行。

（三）教师引导幼儿游戏

1. 目的

帮助幼儿学会游戏的玩法。

2. 方法

第一，教师带领幼儿开展游戏，是一种教师主导幼儿游戏的过程。因此，在开始的一段时间里，教师在游戏中充当重要的角色，主导游戏的进程。

第二，这个时候幼儿可以部分参与游戏。也就是一部分幼儿参与游戏，另一部分幼儿观察，然后轮换。

3. 指导要点

教师先是主导游戏，然后逐渐减少自己在游戏中的作用，激发幼儿主动参与游戏的兴趣。

温馨提示

对于3岁前的幼儿和小班幼儿，以教师担任主要角色直接参与的游戏为主。游戏开始时请个别能力强的幼儿和教师共同游戏以起到示范作用，等到幼儿对游戏很熟悉的时候，逐步过渡到全体幼儿参与；在中班、大班，教师应先讲解玩法和规则，再请能力强的幼儿示范。

（四）幼儿自主游戏

1. 目的

幼儿自主玩游戏。通过前面三个步骤，幼儿已经熟悉和掌握了游戏的玩法和规则，具备了独自开展游戏的基础。

学习笔记

学习笔记

2. 方法

教师从游戏的领导者的身份中逐渐隐退，幼儿自己主宰游戏，教师成为游戏的观察者。

3. 指导要点

第一，观察游戏进程，随时提供帮助。重点观察幼儿在游戏中是否能遵守游戏规则。

第二，关注个体，及时指导。教师应特别关注能力弱、不善交往、胆小的幼儿，让能力强的幼儿和他们结伴，带动他们游戏。

第三，组织评议、总结，提升游戏水平。①针对游戏过程中出现的问题，组织幼儿集体讨论正确的做法。②变换不同的游戏方式，保持幼儿游戏的兴趣：包括游戏角色的变化、游戏难度的增加、对其中语言的改编等。例如，在听说游戏“请你猜猜在哪头儿”中，教师可在幼儿熟练掌握了游戏玩法的基础上，引导幼儿改编儿歌的内容，再次激发幼儿游戏的热情。

温馨提示

第一，及时发现幼儿游戏中的问题，通过隐性的方式引导幼儿解决。

第二，评价游戏情况。小班主要由教师讲评；中班、大班则根据幼儿的发展情况由教师提出问题，引发幼儿讨论形成意见；到了大班，幼儿逐渐能够自主评议。教师要有意识地培养幼儿的自我评价能力。

第三，尽量避免和减少强行控制、禁止、批评等否定性言行，要多用赞许、鼓励、肯定等激励的指导方式。

听说游戏的重点是听和说：“听”就是在游戏的过程中让幼儿听清楚游戏的规则，培养其倾听能力；“说”是本次活动中隐藏在游戏背后的语言目标。因此，在游戏时教师千万不能忘记语言的目标，要把握好游戏听和说的度，做到心中有目标。当幼儿游戏兴趣高涨的时候，教师应该适时停止游戏以舒缓一下情绪，调整游戏的度。

二、听说游戏的组织与实施要点① >>>>>>>>>>>>>>>>>>>>

（一）选择适宜的听说游戏的内容

教师应根据幼儿的年龄特征、已有经验和兴趣，选择幼儿熟悉的、贴近幼儿生活实际的，有较为丰富的生活经验或者是社会经验的，且能够理解和表达的活动内容。如“打电话”“回声”“照镜子”“找相反”等，都是贴近幼儿生活的内容。

（二）针对不同年龄段幼儿采用不同策略

教师应采用不同的策略帮助不同年龄段幼儿理解听说游戏的玩法和规则。为了有序地开展听说游戏，必须要让幼儿明确游戏的玩法与规则。不同年龄段幼儿

① 黄有芳：《听说游戏中提高幼儿语言表达能力的实践探索》，载《幼儿教育研究》，2018(1)。

的能力不同，需要采用不同的策略。例如，小班幼儿的观察和理解能力较弱，教师可以适当通过图示、生动有趣的语言、动作示范等帮助其掌握游戏的玩法和规则。

学习笔记

（三）精心设计游戏情节、丰富游戏内容

精心设计游戏情节，丰富游戏内容，给予幼儿更多说的机会。如果只是一个游戏内容，幼儿很快会失去兴趣，因此针对听说游戏的目标，教师要精心设计丰富的游戏情节，从而激发幼儿始终参与的兴趣。例如，在小班开展听说游戏“捉迷藏”，先创设去森林做客的情节，再创设连续欣赏森林美丽景色的情节，最后创设找小动物交朋友的情节，引导幼儿学习正确使用人称代词，说简单断句。

在这个过程中，教师要注意把握好听说和游戏之间的关系，不能只重视“玩”而忽略了听说游戏的目的——促进幼儿语言能力的发展。

（四）激发幼儿“会说、能说”的潜能

细心观察，适时评价、适宜建议，激发幼儿“会说、能说”的潜能。听说游戏是有规则游戏的，游戏的效果建立在游戏参与者遵守规则的基础上。因此，在游戏过程中，教师要适时针对游戏的进程，组织幼儿讨论，总结游戏的经验，确保游戏顺利进行，这样不仅使幼儿参与了听说游戏，而且使其语言表述能力和思维能力都得到了发展。围绕着游戏讨论，幼儿将更加“会说、能说”。例如，大班幼儿的听说游戏“城门，城门几丈高”，对于幼儿来说这里的规则特别重要，但是往往又会控制不住自己，会不想被抓住，或者是提前去抓人等，这时教师就要把规则的制定和遵守的问题交给幼儿去解决。教师可适时建议和评价，确保游戏的有序进行。

活动案例

一、活动名称

开火车（小班）。

二、活动目标

①认识和了解各城市的名称。

②学会与集体协调动作，并随儿歌轮流交换角色进行问答游戏。

③敢于在众人面前大胆地讲述，快速地接说游戏儿歌。

三、活动准备

①知道我国或外国一些城市的名称。

②相关音乐及播放设备。

③方向盘若干个。

四、活动过程

（一）通过提问，引出主题

①教师引出主题：“你们听这是什么声音？（呜呜呜呜……）今天有一列小火车要从我们幼儿园出发了。”

②告诉幼儿今天要玩一个叫“开火车”的新游戏。

学习笔记

(二)教师讲解游戏规则

1. 听音乐，教师示范游戏前半段并提问

①教师扮演开火车的人，跟着音乐转动方向盘在幼儿前面开来开去，一边开一边说："小朋友，快快来，我们的火车就要开啦，呜呜呜呜……"

②说到"呜呜呜呜……"的时候，教师在任意一名幼儿面前蹲下。

③通过提问，帮助幼儿记忆游戏规则，反复练习游戏的前半段。

2. 教师示范并讲解游戏后半段

①教师引导幼儿向开车人提问"往哪儿开?"开火车的人必须回答"往××开"。

②教师带领幼儿反复练习后半段，重点启发幼儿说出不同的地名。

(三)教师引导幼儿完整练习游戏，训练幼儿的听、说能力

①教师扮演开火车的人，与幼儿进行对答游戏。反复练习几次。

②请个别能力强的幼儿扮演开火车的人，与同伴进行对答游戏，教师鼓励幼儿声音响亮地表达。

③加入一个方向盘，同时引导两组幼儿进行游戏。

④加入多个方向盘引导全班幼儿都能参与游戏，并找出问题及时予以解决(如同时请一位乘客……)。

(四)教师引导幼儿往全国各地开，丰富游戏的内容，保持幼儿游戏的兴趣

①教师说："我们除了可以往南京、北京开，还可以往哪开呢?"鼓励幼儿运用已有经验说出不同城市的名称。

②再次完整进行听说游戏：开火车(提醒幼儿注意倾听同伴的讲话，较快地予以对答)。

③变换开火车的人，进行自主游戏。

五、活动评价

"开火车"这一情境比较简单，游戏规则也易于被小班幼儿理解，反复练习这一环节能为幼儿进行自主游戏奠定基础。

思考与练习

设计一份幼儿听说游戏的教案。

专题七 幼儿园文学作品学习活动

学习目标

1. 掌握幼儿园文学作品学习活动的设计思路。
2. 学会设计与组织故事活动、诗歌活动。

情境案例

中班正在进行“可爱的动物”主题活动，幼儿对各种动物的习性、外形特点产生了浓厚的兴趣。你瞧，今天的语言活动内容也很契合幼儿的经验和兴趣。一上课，教师给幼儿看了两张图片(分别是梅花鹿的犄角和身上的梅花图案)。教师说：“猜猜这是什么？老师是在哪里拍到这张图片的？”幼儿很兴奋，进行了大胆的想象和猜测，可是都没有猜出来，但好奇心已经被教师充分调动起来了。这时候，教师像魔法师一样，慢慢地缩小图片，幼儿惊喜地发现原来这是梅花鹿。于是教师就很自然地引入了今天要学习的散文诗《梅花鹿》。

以上是在师生间开展的幼儿园文学作品学习活动。这种活动对幼儿的发展有何价值？教师应如何为幼儿选择合适的文学作品？又应如何设计与组织幼儿园的文学作品学习活动？

____

____

____

本专题思维导图

- 幼儿园文学作品学习活动
  - 认识幼儿园文学作品学习活动
    - 对幼儿文学作品的基本认识
    - 文学作品对幼儿发展的价值
    - 文学作品学习活动的目标
    - 文学作品学习活动设计的基本结构
  - 故事活动的设计与组织
    - 认识幼儿故事
    - 故事集体教学活动的设计与组织
    - 故事集体教学活动的实施建议
  - 诗歌活动的设计与组织
    - 诗歌的选材要点
    - 诗歌活动的设计

学习主题 1
认识幼儿园文学作品学习活动

学习笔记

幼儿园文学作品活动是以低幼龄幼儿文学作品为基本教育内容而设计、组织的语言教育活动类型。这类活动从一个具体的文学作品教学入手，围绕这个作品展开一系列相关的活动，帮助幼儿理解文学作品所展示的丰富而有趣的内容，为幼儿提供全面的语言学习机会。以幼儿文学作品为基本教育内容而进行的文学教育活动，是幼儿园语言教育活动中一种不可缺少的类型。

一、对幼儿文学作品的基本认识 >>>>>>>>>>>>>>>>>>>>

幼儿文学作品是指与 0～6 岁儿童发展水平及接受能力和阅读能力相适应的各类文学作品的总称。它包括寓言、童话、故事、儿歌、儿童诗、谜语诗、绕口令、儿童散文、儿童小说等多种体裁。幼儿文学作品的特点如下。

（一）从内容上看

1. 着重阐述基本的道德观念或某些必要的知识

幼儿已经开始形成基本的道德感和个性倾向。如今许多幼儿文学作品都注意到了对这方面的引导，以培养幼儿的良好习惯与思想品德。例如，金近的《小鸭子学游泳》既写出了小鸭、小鹅的习性，又注重引导幼儿锻炼意志、增加勇气。

因为幼儿对事物充满了强烈的好奇心和求知欲，所以很多幼儿文学作品有意地向他们介绍一些知识，其中有些是单一的知识教育，如《数数歌》等，而更多的是将知识融入情节之中，如《小蝌蚪找妈妈》等。

2. 故事结构简单，具有鲜明的娱乐性和趣味性

从结构上来说，作品的情节不能太复杂，角色不能太多，否则不便于幼儿记忆和理解。娱乐性和趣味性在幼儿文学作品中常常是相互结合的，这是因为作者善于捕捉幼儿生活中最有趣的材料，并加以巧妙构思和想象。幼儿文学如果没有这“两性”，就会失去它的小读者。因此，作品是否“有意思”，是否符合幼儿的天性是我们首先要考虑的。

学习笔记

（二）从表现手法上看

幼儿文学中采用的表现手法是多种多样的，其中最常用的有如下两种：反复和对比。

1. 反复

由于幼儿的有意记忆时间短，他们对事物的认识多依靠条件反射的强化，因此，在幼儿文学作品中经常运用反复这种手法。很多作品用的是故事情节的反复，即在故事中重复出现同一事件；也有很多作品运用的是表现内容的反复，即用相同或相似的语言反复叙述；还有许多作品是把这两种反复结合起来使用，如包蕾的《小熊请客》，既有事件的反复，又有语言的反复。

2. 对比

对比是为了适应幼儿的年龄特征而采取的带有针对性的手法。幼儿知觉的分化性较差，很难感知细微的变化，作品中对比强烈的艺术形象和色彩鲜明的画面则可以唤起他们对于认识对象的强烈兴趣，帮助他们把握作品的思想内容。

（三）从语言上看

从语言上来说，选择作品时也要考虑到幼儿处于具体形象思维阶段，对抽象词汇和复杂句型的理解还不准确这些情况，语言的难易程度要在幼儿的“最近发展区”内。也就是说，首先语言要浅显、口语化、规范化，既令幼儿感到亲切、易懂，又具示范性和指导性。其次形象要有趣，富于动感。幼儿文学作品多使用了反复、比喻、夸张等修辞手法，具有形象性、生动性。此外，幼儿文学作品的音乐性都比较强，作品中摹状、摹声以及反复等手法的运用，都有力地增强了语言的音乐性、和谐感，能够给幼儿以愉快的刺激，使他们自然而然地感受到作品中的思想内涵。

二、文学作品对幼儿发展的价值 >>>>>>>>>>>>>>>>>>>>

首先，幼儿文学作品可以丰富幼儿对周围事物的认知。幼儿文学的内容应有尽有，需要向幼儿传递的各种文化知识、观念、态度和情感，都可以编到作品里，可以有超越时空的大量细节描述，使形象栩栩如生，将角色的内心世界刻画得入木三分，使文学中的每一个形象都各具特色。

其次，幼儿文学作品可以发展幼儿的艺术想象力。幼儿文学是用语言塑造文学形象的艺术。文学的真、善、美的形式不像美术那样以视觉形象直接显现，而是隐含在语言中。幼儿必须对语言文字信息进行理解和想象，才能在头脑中产生画面。

由此可见，文学作品对幼儿发展的价值主要体现在四个方面：第一是审美价值，即语言美、形象美、心灵美、意境美；第二是多功能的其他认识价值，如科学知识的，人际关系的，行为品质的；第三是娱乐价值，即能激起幼儿快乐的情

学习笔记

绪，愉悦身心；第四是促进想象力、创造力、情感体验等审美心理发展的价值。

三、文学作品学习活动的目标 >>>>>>>>>>>>>>>>>>>>>

文学作品学习活动是通过欣赏文学作品来学习语言的语言教育活动。目标主要如下。

（一）文学作品学习活动的总目标

1. 文学作品学习的认知目标

①丰富与作品相关的社会知识。

②知道文学作品有童话、诗歌、散文等体裁，了解语言的丰富性和多样性。

③理解文学作品内容，学会标准发音，扩展词汇，了解各种语言句式的表达。

2. 文学作品学习的情感态度目标

①对书面语言有浓厚的兴趣，喜欢文学作品，积极参加文学活动，乐意欣赏文学作品。

②体验文学作品中人物的真、善、美，感受文学作品的情感脉络和语言美，发展艺术想象力和审美能力。

3. 文学作品学习的技能目标

①学会倾听，提高语言的理解能力。

②会说、说好普通话。

③感知文学作品语言和结构的艺术表现特点，能创造性地运用语言，增加个人经验、发展想象力，尝试提高艺术性结构语言的能力。

（二）文学作品学习活动的年龄阶段目标

1. 小班

①愿意欣赏不同形式的文学作品。

②能初步感受不同体裁的幼儿文学作品。

③能初步理解文学作品的内容。

④在保持原作品意思的基础上，学习改变其中的某些词句。

2. 中班

①喜欢欣赏不同形式的文学作品。

②能初步了解文学作品的不同体裁及其构成要素，如故事由人物、情节、语言、主题等构成。

③在理解作品内容的基础上，会初步归纳主题。

④根据作品提供的线索，进行文学想象和创造，续编作品内容。

3. 大班

①乐意、主动地欣赏不同形式的幼儿文学作品，并积极地参与文学活动。

②能理解文学作品的不同体裁及其构成要素。

③在理解作品内容、归纳主题的基础上，在教师的帮助下分析作品中使用的特殊表现手法，能体验作品的思想、感情脉络。

④根据文学作品的不同体裁、结构，运用已有知识、经验进行作品的仿编和创编。

学习笔记

四、文学作品学习活动设计的基本结构 >>>>>>>>>>>>>

为了帮助幼儿在活动中更好地感知和理解文学作品，提高欣赏作品的能力，并能迁移个人经验，创造性运用语言、动作等方式表达自己的想象和认识，幼儿园文学作品学习活动的设计一般包括以下四个层次。

（一）认识文学作品

创设情境，引出文学作品。教师可采用不同的方式组织教学，根据作品内容的难易程度，采用比较直观形象的幻灯片、挂图、桌面教具、木偶、头饰等辅助教具，以多种形式展开教学。对于一些浅显易懂的作品，如儿歌，可以直接让幼儿反复诵读。

这一层次的教学，教师应将重点应放在幼儿对作品的理解上，帮助幼儿理解作品的主要情节，分析人物性格和主题，感受文学语言。不能过于强调让幼儿机械记忆、背诵作品内容，以免使幼儿对文学作品失去兴趣。幼儿能否很好地理解作品是进行后面几个层次活动的基础。教师应通过三个层次的提问帮助幼儿理解作品。教师可通过描述性提问帮助幼儿掌握作品的名称、人物、情节、对话、主题等，使幼儿对作品内容有大致的了解；通过思考性提问和假设性提问，让幼儿运用个人经验进行深入的思考和想象。例如，在学习《小兔找太阳》时，教师不仅可以让幼儿讨论“小兔先后把哪些东西当作太阳了”，还可以引导幼儿思考“这是一只什么样的小兔，你喜欢它吗”。此外，可以引导幼儿讨论如下问题。“如果你是故事中的小兔，你会把哪些东西当作太阳?”“你知道生活中有哪些东西像太阳吗?”这些问题都有助于加深幼儿对文学作品的理解和掌握。

（二）理解体验作品

通过表演、散步、谈话等方式帮助幼儿体验作品。这一层次的学习主要在幼儿学习和欣赏文学作品的基础上，根据作品内容设计相关的活动，帮助幼儿理解作品内容，体验作品中人物形象的情感心理，以便幼儿进一步认识作品中传递的精神。教师可设计与主题相关的活动，如户外散步观察、围绕作品进行表演游戏等。

（三）迁移作品经验

开展与作品主题相关的绘画、手工等动手动脑活动，帮助幼儿迁移相关经验。文学作品既源于生活，又高于生活。要使幼儿真正理解作品，就要围绕作品内容重点开展可操作的或具有游戏性质的活动，让幼儿在活动中将作品内容纳入自己的经验范畴，加深幼儿对作品的理解，也为进一步扩展幼儿想象和语言表述打下基础。例如，在“快乐的小屋”活动中，教师可在引导幼儿观察了各种美丽的建筑——小屋后，让幼儿用积木搭一搭美丽的小屋，或让幼儿用彩笔画一画“我自己的美丽小屋”，帮助幼儿迁移经验。

（四）创造性想象和语言表述

开展创编、续编、仿编、谈话等活动，让幼儿尝试艺术性结构语言的活动。

通过前面三个层次的活动，幼儿对文学作品的学习、理解和体验已达到了一定的要求，教师可以进一步创设机会，让幼儿扩展自己的想象力，并创造性地运用语言去表达自己的认识和想象。教师可以让幼儿续编童话故事，仿编诗歌、散文，或围绕作品内容想象讲述。例如，针对“快乐的小屋”这一主题，教师可以让幼儿进行诗歌仿编，创作小诗；也可以让幼儿描述自己搭建的快乐的小屋是什么样子的；还可以让幼儿展开创造性地想象，讲述“我未来的快乐小屋”是什么样子的。在这个层次中，幼儿通过大胆想象和表达，热烈地讨论和交流，不仅尝试了书面语言的艺术表达，而且充分开动了脑筋，锻炼了口语交际水平。

总之，文学作品活动是一个围绕作品主题开展的系列活动，在系列活动中，幼儿在教师的引领下，循序渐进、由浅入深地发展语言和能力，从理解到表达、从模仿到创新、从接受到运用，不仅发展了语言表达能力，而且锻炼了想象力，提高了艺术思维能力，同时其他能力也得到了发展。

学习主题 2
故事活动的设计与组织

学习笔记

一、认识幼儿故事 >>>>>>>>>>>>>>>>>>>>>>>>>>>>>

幼儿故事是指内容单纯，篇幅短小，情节生动有趣、完整连贯，适合幼儿欣赏或阅读的幼儿文学作品。幼儿故事主要包括民间故事、历史故事、童话故事、生活故事、人物故事、动物故事、科学故事等。

二、故事集体教学活动的设计与组织 >>>>>>>>>>>>>>>

（一）分析和熟悉故事

第一，分析故事的结构、情节和主题。故事主题是故事的核心内容，体现的是作者创作的意图。故事的内容和情节为主题服务，掌握了故事的情节结构，明确了故事的高潮，也就找到了故事的主题。生动、有趣的故事情节更能吸引幼儿的注意力和兴趣，促使幼儿语言能力的发展，即大胆想象、猜测并进行故事的续编和创编。故事的结构、情节和主题是教师在教学活动前要重点挖掘的内容。

幼儿故事的情节结构类型如下。

I 型：由情节的开端到结尾，沿着一条线索顺势而下。

V 型：由起点开始向下发展，铺垫、渲染到一定程度，开始向相反的方向发展。

O 型：从开端到结尾，有过动摇，走过一段弯路，但结局是回到原来的开端。

W 型：一波未平，一波又起，情节曲折。

第二，找出幼儿学习故事的重点和难点，确定幼儿应该重点理解或掌握的词句。例如，作品中有些重复性句子不仅有助于幼儿理解作品内容，而且为他们复述、表演故事提供基础。

第三，确定幼儿应该重点理解或掌握的词句。

（二）教师讲述故事的要求与技巧

第一，用普通话讲述故事，正确表达故事内容。

第二，用语调、动作、表情等渲染气氛，将故事讲得生动而富有感情。

(1)语调、声音的高低

①为故事中的角色进行音色定位。一般来说，音色可以按性别(男、女)和年龄(儿童、成人、老人)分为：男童、女童；男成、女成；男老、女老。例如，狼的声音：男成，狡猾、凶狠的声音。又如，小兔妈妈的声音：女成，温柔、亲切的声音。

情绪：喜、怒、哀、乐。

性格：活泼、内向、自信、自卑、骄傲等。

②音量的调节与语速的控制。以中速叙述，对话节奏适度。

③拟声词的运用。

拟声词可以增强故事的形象和真实性。对于缺少拟声词的故事文本，教师也可以根据情节需要，加入一些拟声词，包括大自然的刮风下雨的声音，交通工具的声音，人们日常活动的声音等。例如，《鸡的一家》中，“大公鸡是这样说话的：‘喔喔喔、喔喔喔……’”“小母鸡是这样说话的：‘咯咯嗒、咯咯嗒……’”

练一练

兔妈妈(女中音)回来了，妈妈说：“小兔子乖乖，把门儿开开，快点开开，我要进来。”

小兔说：“就开，就开，我就开，妈妈回来了，我就把门开。”(声音甜美、短促)

大灰狼来了，学着妈妈敲门说：“小兔子乖乖，把门儿开开，快点开开，我要进来。”

小兔说：“不开，不开，我不开，妈妈没回来，谁来也不开。”

练一练

吱吱！吱吱！几只小老鼠在河边玩耍。一只小老鼠说：“要是有只小船，我坐着划划，该多好玩呀！”小老鼠一听，都说主意不错，大家围在一起，商量起来。“啊，有了！我们去偷只大皮鞋。”一只小老鼠说。“太妙了！”小老鼠悄悄地溜进一间屋子。嗨哟！嗨哟！它们抬来了一只大皮鞋。

它们把大皮鞋放进小河里，小老鼠你挤我，我挤你，把大皮鞋挤得满满的。大皮鞋像一只小船，顺着河水，向前漂去。小老鼠高兴得大喊大叫：“真好玩儿！真好玩儿！”(重点：语言描写)大皮鞋漂呀漂呀，漂了很远很远。

小老鼠很久没有吃东西了，肚子饿得咕咕直叫。有只小老鼠忍不住了，偷偷地啃了一口皮鞋，说道：“好吃！好吃！”(重点：语言描写)小老鼠一听，全都乐了，想不到大皮鞋又好玩又好吃。于是你啃一口，他啃一口……一下子，皮

学习笔记

鞋被啃出了一个大洞！哗哗！大皮鞋进水了！白花花的水直往里涌。小老鼠慌了，东窜西窜(重点：动态描写)。大皮鞋翻了个底儿朝天。小老鼠被大皮鞋扣在水里。咕嘟嘟！水面上，冒出一个个水泡泡……

温馨提示

讲上面的故事时，要用兴奋的语气、语调，表现小老鼠玩皮鞋的新奇感，渲染小老鼠在船上的欢快气氛，突出表现小老鼠啃皮鞋后的反应。“真好玩儿！真好玩儿！”“好吃！好吃！”是讲述时需要强调的。皮鞋进水时，要在语言和表情上突出小老鼠的慌乱情境。

讲述时需要调整其表述习惯。例如，“啊，有了！我们去偷只大皮鞋。”一只小老鼠说。应把语序调整为：一只小老鼠说，“啊，有了！我们去偷只大皮鞋。”

(2)表情、动作

表情要真实自然。如高兴—微笑，情况紧急—脸部表情严肃。讲故事时还可以增加表演动作，加入一些眼神、姿势、动作、表情，使角色性格更加突出，增加故事的表现力和感染力。

练一练

鸡的一家

大公鸡是这样说话的：喔喔喔、喔喔喔……

小母鸡是这样说话的：咯咯嗒、咯咯嗒……

大公鸡对小母鸡说：“喔喔喔，我想有个窝。”小母鸡说：“咯咯嗒，我也想有个窝。”大公鸡和小母鸡就这么一起生活了。

小母鸡每天下一个大鸡蛋，这是它们的小宝宝，小母鸡开始孵蛋了。啊，小鸡出壳了，小鸡是这样说话的：“叽叽叽、叽叽叽……”

温馨提示

叙述语言应平缓，处理好音色、语调、语速、拟声词、表情、动作。

总之，讲故事要讲究口头语言的表达艺术，在“讲”上下功夫，让幼儿“如闻其声、如临其境”。

(三)故事活动集体教学活动的步骤

1. 倾听故事

幼儿倾听故事的过程是将听到的语言信息转化为头脑中的图像信息的过程。因此，教师的第一遍讲述很重要。第一遍讲述故事时，教师只用自己的声音渲染出故事意境，发挥自己的语言能力演绎故事。采用纯讲述的方式，帮助幼儿在脑海中完整建构起对故事画面的想象。第二遍讲述故事时，教师可以使用教具，幼儿可以把已有的经验整合起来利用教具加深对故事的理解。我们在设计教案时要交代清楚故事要讲几次，什么时候讲，什么时候用教具。建议每次讲述都要有变化。

在教具的使用上，第一遍不提倡用教具，可以利用故事的吸引力、幼儿的好奇心，培养幼儿倾听能力和想象力。第二遍使用教具，幼儿可以把已有的经验整合起来，通过教具加深对故事的理解。

(1)口述作品内容

有些文学作品内容浅显易懂，如果幼儿有一定的相关生活经验，教师则可以直接口述，不必画蛇添足地运用教具等辅助教学材料。

(2)利用图书或图片

有些文学作品的内容知识性强、幼儿在某一些经验上比较欠缺。因此，教师必须为幼儿提供一些直观材料，增强幼儿的感性认识，以帮助幼儿更好地把握和理解内容，如中班故事《取皮球》。

(3)录音、录像和情境表演

可以通过视、听文学作品在幼儿的头脑中形成知觉表象，由文学作品的生动形象唤起幼儿的情感体验和情感反应。

无论是哪一种形式，都是为了引起幼儿的共鸣与兴趣。只有使用抑扬顿挫的语调、栩栩如生的画面，才能很快吸引幼儿的注意力。

2. 理解故事

理解故事的形式与方法宜多样化，可结合提问、体验活动、表演、猜谜、美术活动、音乐、体育、各类游戏等形式进行，但所有形式都应围绕故事的内容、角色、情节等展开。这个环节是活动设计的难点与重点。

(1)提问法

提问最好与幼儿的操作活动联系在一起，努力做到动静交替，使幼儿动脑、动手、动身体。提问的方式主要有：帮助幼儿记忆的提问，针对细节的提问，针对情感识别与匹配的提问，针对故事作品的主题或情节的提问，针对作品中文学语言的提问，针对作品整体结构形式的提问，针对生活原型与作品形象进行比较的提问。

学习笔记

练一练

《鹅大哥出门》教学设计

第一遍提问：故事中有哪些小动物？

第二遍提问：鹅大哥是怎样对待小鸡、小鸭的？

第三遍提问：如果你是鹅大哥，你会怎样对待小鸡、小鸭？

需要注意的是，提问应紧扣故事的重点。教案设计要准备关键性问题。

第一遍提问：是什么？(厘清故事名称、角色、主要内容)

第二遍提问：为什么？怎么样？做什么？什么样？

第三遍提问：“如果你是……”(假设性提问)

学习笔记

(2)图示法

采用简笔画的方式，用线条、形状或形象，简单、明了地反映故事内容和情节。常见的有以下两种：一是用直线、曲线等线条表示故事中人物活动的路线等；二是用花草、动物等简单的图形表示故事中出现的各类具体事物。

例如，在《狐狸和鸡》这则故事中，公鸡三次离家，路程一次比一次远，呼救声一次比一次弱。教师可以用图示演示法教学，用“——”表示路程，用“喇叭”的图示表示声音，“喇叭”越画越小。又如，复述《鹅大哥出门》这则故事时，可以通过门口、池塘、小鸡、小鸭等简笔画帮助幼儿记住线索。

温馨提示

图示应简单、形象，不要过于花哨。

3. 围绕故事开展相关活动

(1)复述和朗诵

这是建立在感受基础上的艺术形象创造的活动，是欣赏过程在大脑中产生的作品意向的表达或表现。故事复述有全文复述和细节复述两种形式。适用于全文复述的作品大致须具备下列特征：篇幅较长，结构比较工整，语言和情节有适当反复，词语优美且通俗易懂，形象富有童趣。有些作品难度较大、篇幅较长，但文中的有些描述或对话特别精彩生动，可以让幼儿在欣赏的基础上选择其中的某一段或某几段进行复述。

教师可以用多种方法帮助幼儿学习怎样复述，如有变化地反复欣赏同一个作品，参与和作品有关的系列活动，如绘画、手工制作、参观、观察、歌舞、劳动等，积累不同语境中的表达经验。教师可以帮助幼儿找到声音特征与情感的关系，如提醒幼儿仔细观察、倾听同伴的话语，猜测幼儿此刻的心情(可以问幼儿在刚才说话时是否高兴)；教师还可以帮助幼儿找到声音和场合的关系，如上课发言时声音要响亮，个别交谈时应轻轻讲话。实践表明，开展“说悄悄话”“我和星星打电话”等语言游戏，能有效地培养幼儿对语言强弱、高低、快慢的控制能力。幼儿年龄越小，游戏的方法越有效。成人抑扬顿挫、声情并茂地朗诵和讲述，既能带给幼儿语言美的享受，又能激发他们模仿的愿望。此外，可以让幼儿在音乐伴奏声中学习朗诵。幼儿在朗诵时能不知不觉受到音乐的调节而富有韵律感和节奏感。以后，只要告诉幼儿像唱歌那样朗诵，韵味就出来了。在日常生活中自由分散地利用玩具和道具练习复述、朗诵，可以让幼儿互相评议，互相模仿。

在组织这类活动时，我们提倡幼儿互相欣赏，把自己最好的感觉、最好听的声音表现出来，大家就会产生一种愉悦的享受，注意力自然就被艺术活动所吸引。幼儿朗诵和复述的主动性、能力、自信会在相互模仿、自我调整的过程中不断提高。

(2)表演

表演一般都由复述自然转入。从文本的复述到表演，从语言到动态形象的表达，是早期的戏剧创作实践活动，极具创造性。由于幼儿十分喜欢作品表演活动，因此，教师完全可以利用一个作品尽可能地扩大教育效益，凡是幼儿已学会复述的作品都可以组织其进行表演。

表演内容分为如下四个层次。

①情境性对话，即根据现有作品或自创作品进行出声或不出声的表演，包括个人的哑剧表演；②主要形象的立体动态塑造；③作品段落的表演；④作品完整形象的表演。前三个层次的表演，可以在欣赏和朗诵活动中穿插进行，也可以在学会复述后即兴地进行。在大班，可以由幼儿互相邀请来决定谁表演什么角色、表演哪个片段。第四个层次一般在学会复述的基础上才会达到更好的表演效果，这样幼儿不必再为回忆语言而分散注意力，可以把注意力集中在动作表情以及彼此的相互关系上，并在表演中加深体验，提高复述水平。

表演技能的掌握要求：表演和口头表达一样，必须在塑造形象的实践中提高技能，要随时随地内化表演模式。

(3)创编

幼儿对欣赏的作品内容进行编构和仿编。这类创编活动是一种创造性的语言活动，需要幼儿具备多种条件，如对故事图示的理解、有关知识经验的准备和语言经验基础上的创造活动，对幼儿具有积极的挑战意义。编构活动包括扩编和续编等形式。扩编是通过想象和联想，对原作品的某些部分进行扩充。在有组织的活动中，教师通常是通过提问来激发幼儿的想象和联想的，如在学习《萝卜回来了》时，问“小熊还会把萝卜送给谁？谁又会把它怎么样？”还可以借助某些活动与操作材料，凭借幼儿丰富的想象力进行编构，如剪贴编故事、绘画编故事、用玩具和木偶编故事、表演编故事和听音乐编故事等。续编是让幼儿根据故事的开头和发展编出结尾或者是高潮部分，或者在原有诗歌的基础上继续编出新的段落。不同年龄段的幼儿编构故事的活动应贯彻从理解到表达的原则，服从文学教育活动的整体要求，针对不同年龄段有不同的具体要求。小班编构的重点是编构故事的结局，中班编构的重点是编构故事的高潮部分，大班编构的重点是编构完整的故事。仿编活动是幼儿在文学欣赏、理解文学作品内容及构成的基础上的一种创造性学习活动。要求幼儿仿照某一篇作品的框架或某一个段落，调动自己个人经验进行扩展想象，编出自己的文学作品或段落。这种想象往往是在文学欣赏活动的基础上进行的，对幼儿发展想象力及创造性地学习文学作品大有裨益。

三、故事集体教学活动的实施建议 >>>>>>>>>>>>>>>>>>

（一）教具设计与制作要求

第一，按故事的内容、场景、角色设计教具。

第二，注重角色内容，角色大小不一样。例如，大公鸡应比小母鸡大。

第三，教具采用立体或半立体的形式。

第四，制作教具应讲究实效。

第五，背景图大小为 1～4 开。具体大小参照班级人数，若人多则背景图也应扩大。

学习笔记

学习笔记

（二）教具介绍

1. 故事围裙

采用我们常见的下厨用的围裙，尽量选择素色的围裙，可以在上面缝上一些便于粘贴的子母扣。故事的角色与场景可用布或纸张制成卡片，并按轮廓线剪好，在其背后粘上或缝上子母扣即可。

教师或幼儿讲述故事时，可身穿故事围裙，随着情节的推进，通过粘贴不同的角色和场景，使人有身临其境的感觉。

优点：重复使用率高，操作简便，直观形象；既可以作为教师的教具，又可以作为幼儿自主操作的学具。

2. 贴画教具

贴画教具指各类贴画，有各种人物形象、动物造型、植物形象等，有大有小，可以轻易地按轮廓线撕下来，粘贴在需要的位置上。贴画既可以供教师在讲述故事时按情节粘贴，也可以供幼儿在复述时粘贴。

优点：不需要花费大量的时间画教具或学具，使用方便，种类繁多，色彩鲜艳。

3. 翻页教具

翻页教具指用透明塑料薄膜覆盖在已画好的纸质故事背景图上制成的教具。教师可按春、夏、秋、冬四季变换的顺序或随故事情节的发展而逐一翻页，将幼儿带入故事情境中。由于薄膜是透明的，覆盖在背景图上，因此，画面是清晰而生动的。

优点：景物或角色可以迅速转换，能很好地配合故事内容，制作便捷，可重复使用。

4. 插入式教具

教师可利用废弃的透明塑料瓶制作故事教具。在制作插入式教具时，可先将塑料瓶剪成细长条、两端剪圆备用，再把画有小动物的卡片按轮廓剪下来，用白乳胶或双面胶将剪下来的塑料条粘在其背面做插条，这样做好的人物或景物的卡片就成了插入式教具的插件，可以根据故事内容插在背景图的相应位置上。

优点：制作简单，人物或景物的移动自然真实，使用方便，便于收藏，透明的插条不妨碍幼儿的视线，便于幼儿操作。

5. 纸轴教具

我们可以将日常生活中常见的卷纸纸轴收集起来加以利用。例如，可将做好的人物或景物的双面卡片上端粘牢，下端分粘在立起的纸轴上，这样就可制成故事桌面教具。纸轴是人们日常生活中的废旧材料，易于收集。此类教具有立体效果，教师和幼儿在操作时可随故事内容移动教具，不仅可上下移动，还可前后移动，甚至表现跳跃等内容均可。

优点：此类教具实用性强、表现的故事内容逼真、生动。

附 1：

鹅大哥出门

鹅大哥一摇一摆地走出门。走到池塘边，看见自己的倒影，乐滋滋地说：

"瞧，我多漂亮！红红的帽子，雪白的羽毛，谁也比不上！"

鹅大哥真神气，大步大步往前走，看见一群小鸡，它大声嚷嚷："让开！让开！你们这些小东西！"看见一群小鸭，鹅大哥又大声嚷嚷："走开！走开！你们这些小不点儿。"

它越来越神气，把胸脯挺得直直的，脑袋抬得高高的，眼睛望着天，连前面有个大泥坑也没看见。"扑通"一声，掉进了泥坑里。大白鹅变成了大黑鹅。这下子，它可神气不起来了。①

学习笔记

附 2：

猴子学样

一个老爷爷，挑着一担草帽去城里卖。走到半路上，老爷爷累了，放下担子，坐在大树底下休息，不知不觉睡着了。这时，一只老猴子带着一群小猴子出来玩。老猴子看见大树底下放着一担草帽，又看见一个老爷爷戴着草帽在睡觉。就轻轻地走近，拿起一顶草帽。学老爷爷的样子，戴在头上。小猴子们看见了，也分别拿了一顶草帽，戴在头上。老猴子戴着草帽，爬上了大树。小猴子们也戴着草帽跟它爬上了大树。它们在树枝上跳来跳去，又是叫，又是笑，把卖草帽的老爷爷吵醒了。老爷爷睁开眼睛一看，发现箩筐里一顶草帽都没有了！就赶紧起来，东瞧瞧，西找找。躲在大树上的猴子看见老爷爷着急的样子，一齐大声笑起来。老爷爷抬头一看，这才明白，原来草帽全让猴子拿走了。老爷爷气极了，指着猴子们大声说："你们这些坏东西，赶快把草帽还给我，不然我就把你们都捉起来！"猴子们看老爷爷指手画脚地嚷嚷，也指手画脚地叫起来，不肯把草帽还给他。老爷爷急得一边晃拳头，一边跺脚："你们到底还不还我的草帽！再不还给我，我就把你们捉到城里关起来！"猴子们也学老爷爷的样子，晃着拳头，跺着脚，还是不把草帽还给他。老爷爷又急又慌，脱下草帽，搔起了脑袋，猴子们也学老爷爷的样子，脱下草帽，搔起脑袋来。老爷爷看见猴子又在学他的样子，心里想，有了！有了！他就把手里的草帽使劲往地上一摔，叹了口气说："唉！真把我气死了！真把我气死了！"猴子见了，也学老爷爷的样子，一个个把草帽使劲摔下来。老爷爷赶忙把地上的草帽捡起来，先是他自己的花格子帽子，接着是灰色的帽子，然后是棕色的帽子……一顶一顶装到箩筐里，挑起担子，进城去了。②

---

① 根据包蕾的《鹅大哥出门》改编，参见鲁兵：《365 夜(上)》，216～223 页，上海，少年儿童出版社，1980。

② 根据夏霞的《猴子学样》改编，参见鲁兵：《365 夜(上)》，182～183 页，上海，少年儿童出版社，1980。

学习主题 3 诗歌活动的设计与组织

学习笔记

一、诗歌的选材要点

（一）一般要点

1. 题材广泛

教师选择作品时应注意题材的多样化，可以选择以下题材。

叙事诗：生动有趣，有完整故事情节的诗歌，如《小熊过桥》《下巴上的洞洞》。

抒情诗：描绘美丽的大自然或者人们美好心灵和情感世界的诗歌，如《春雨》《我去祖国台湾岛》。

古诗：浅显易懂，能让幼儿感受到中国传统文化之美的诗，如《咏鹅》《悯农》。

2. 构思巧妙，富有想象力，充满童趣

为幼儿创作的诗歌作品，不仅要朗朗上口，具有语言美和艺术美，而且要想象奇妙，生动有趣，能从幼儿独特的视角观察世界，充满童真童趣。例如，诗歌《梳子》从母女梳头谈起，用比喻的手法，将风比作树的梳子，船比作海的梳子，向幼儿展示了一幅生动优美的画面，想象奇特美好，又温情脉脉，这样温馨、和谐、美好的画面很能感染幼儿的心灵。

3. 符合幼儿已有的知识经验水平

因为诗歌本身一般具有含蓄美，语言本身也比较凝练，语义跨度大，所以，教师选择的诗歌在主题、情节、内容等方面应符合幼儿已有的知识经验水平，应选择一些浅显易懂的诗歌，如《排排坐》《分苹果》等。

（二）各年龄班选材的要点

小班：以儿歌为主，篇幅短小。

中班：以儿歌和儿童诗为主，篇幅稍长。

大班：体材多样，如儿歌、儿童诗、浅显易懂的古诗等。

二、诗歌活动的设计

教师在设计与组织幼儿诗歌活动前，要做好准备工作：第一步，分析诗歌，包括主题、情感、重音、韵律等，并划分音部和重音；第二步，背诵诗歌，并做到熟练地朗诵。做好这两项工作就可以开始设计幼儿诗歌教学活动。

（一）导入

导入环节的目的是创设一定的情境，以引起幼儿学习诗歌的兴趣，为幼儿接下来学习、理解诗歌做铺垫。从导入方式来说，与故事集体教学活动大同小异。诗歌集体教学活动常用的导入有：图片导入、谜语导入、提问导入、音乐导入等。例如，小班幼儿在学习儿歌《薯片脆脆》时，教师可通过提问“你们吃过薯片吗？薯片吃到嘴巴里是什么味道啊？你们在吃薯片的时候会发出什么声音啊？”来导入活动，一下子就能吸引幼儿的兴趣。

（二）教师示范朗诵

教师的示范朗诵普通话一定要标准，发音清楚。要有情感、有节奏、有起伏地朗诵，通过语调的变化、表情和动作来渲染气氛，这样才能深深打动幼儿。

（三）教师帮助幼儿理解诗歌

1. 教师可以通过教学挂图等图片资料来帮助幼儿理解诗歌

诗歌的主题是通过其语言所描绘的意境来展示的，教师可以把诗歌制作成教学挂图，让幼儿通过观察图片来理解诗歌的主要内容。例如，在学习《下雪天，像过节》这首诗歌时，教师可以画一幅雪景图，把诗歌中提到的事物融入图中，让幼儿在观察图片的过程中理解诗歌的内容和情感。

2. 通过三个层次的提问帮助幼儿理解诗歌

描述性问题：帮助幼儿对文学作品有大致的了解。思考性问题：通过对文学作品具体情节、主题、人物性格的提问，帮助幼儿多角度理解文学作品。假设性问题：鼓励幼儿大胆想象，迁移经验，将文学作品和现实生活相结合。

例如，为儿歌《逗蚂蚁》设计合适的问题。描述性问题：“小朋友想叫小蚂蚁来干什么？”“请小蚂蚁吃什么饭？吃什么菜？用什么碗？”“蚂蚁吃完了吗？怎么吃的？”思考性问题：“蚂蚁为什么‘哼唷哼唷’搬得欢？”假设性问题：“你有没有请小蚂蚁吃过饭？如果你请小蚂蚁吃饭，请小蚂蚁吃什么呢？用什么筷子？什么碗？”

3. 通过理解诗歌中难懂的字、词、句来理解诗歌

对于幼儿而言，比较难理解的是诗歌中一些关键的字、词、句，教师可以围绕这些难懂的、关键的字、词、句，帮助幼儿理解诗歌。例如，分析幼儿学习、理解《小猫咪》这首儿歌的难点。如“‘小猫咪，爱梅花’，这个梅花指的是什么？为什么‘朵朵梅花开在它脚下’？”这些问题可以启发幼儿回忆小猫走路的情境，或观察猫的脚印，从而帮助幼儿理解诗歌的主题、内容。

4. 理解诗歌的情绪情感

在引导幼儿理解诗歌时，教师不仅要让幼儿理解作品中的语言，还要引导幼儿感受作品的美和情趣，更主要的是要引导幼儿体验作品的情绪情感，理解作者的情感基调是欢快活泼的还是沉郁平静的，或者是宁静祥和、幸福温馨的，这将有助于幼儿对作品全部内容的把握和理解。

5. 理解诗歌的表现形式

儿童诗歌常用的表现手法有重复、比喻、象征、拟人、夸张等，这些手法的运用往往使作品的语言更加丰富和生动。教师在引导幼儿感知诗歌的表现方式时，不需要让幼儿知道这是什么表现手法，只要让幼儿感受到诗歌中这样说是什么意思就可以了。

（四）幼儿学习朗诵诗歌

在理解诗歌的基础上，幼儿开始学习朗诵诗歌。通过反复朗诵加深对作品的理解和领悟。教师可以采用师大声、幼小声朗诵，集体、小组、个人朗诵，分角色朗诵和对答式朗诵等方式让幼儿学习朗诵诗歌。

学习笔记

(五)围绕诗歌开展相关活动

在幼儿学会朗诵诗歌的基础上，还可以开展和诗歌相关的活动。

1. 诗歌表演游戏

对一些内容很有趣、有情节的叙事诗，教师可以让幼儿通过表演来体验角色的心理和情感，如《小熊过桥》《小弟和小猫》等。

2. 配乐朗诵

对于一些意境优美、音韵和谐的抒情诗，教师可以配上合适的音乐。例如，在小班《雁》的儿歌教学中，伴随着舒缓的音乐，幼儿一边学大雁飞行、排成人字形和一字形的样子，一边念儿歌。这样的方式能很好地调动幼儿的兴趣。

3. 绘画

教师可以鼓励幼儿用画笔把对作品的想象画出来。

4. 诗歌仿编活动

对于一些有一定格式、多重复结构，并且事物之间的关系是幼儿熟悉的诗歌，可以组织仿编活动。和故事教学一样，诗歌仿编也具有年龄班特征。小班可以换词，中班可以换系列词，大班可以换画面，也就是进行创编。教师在组织幼儿仿编诗歌和散文时要注意：一是要做好仿编前的准备工作，包括要使幼儿积累和仿编内容相关的知识经验，要具备一定的想象能力和语言表达能力；二是仿编前教师和幼儿之间的讨论以及教师的示范必不可少。讨论可以引导幼儿关注仿编的核心，而教师的示范可以开拓幼儿的想象同时又在潜移默化中帮助幼儿学习将自己的想象放入诗歌的语言框架中去。

附：诗歌

1. 小熊过桥

蒋应武

小竹桥，摇摇摇，
有只小熊来过桥。
立不稳，站不牢，
走到桥上心乱跳。
头上乌鸦哇哇叫，
桥下流水哗哗笑。
"妈妈，妈妈，你来呀！
快快把我抱过桥！"
河里鲤鱼跳出水，
对着小熊大声叫：
"小熊，小熊，不要怕，
眼睛向着前面瞧！"
一二三，向前跑，
小熊过桥回头笑，
鲤鱼乐得尾巴摇。①

2. 下巴上的洞洞

鲁兵

从前
有个奇怪的娃娃，
娃娃
有个奇怪的下巴，
下巴
有个奇怪的洞洞，
洞洞
谁知道它有多大。
瞧他
一边饭往嘴里划，
一边
从那洞洞往下撒。
如果
饭桌是土地，

① 丁深：《新儿歌童谣选》，63～64 页，上海，少年儿童出版社，1964。

而且
饭粒会发芽，
那么
一天三餐饭，
他呀
餐餐种庄稼。
可惜
啥也没有种出来，
只是
粮食白白被糟蹋。
你们
听了这笑话，
都要
摸一摸下巴。
要是
也有个洞洞，
那就
赶快塞住它！①

3. 春雨

刘饶民

滴答，滴答，
下小雨了。
种子说：
“下吧，下吧，我要发芽。”
梨树说：
“下吧，下吧，我要开花。”
麦苗说：
“下吧，下吧，我要长大。”
孩子说：
“下吧，下吧，我要种瓜。”
滴答，滴答，
下小雨了。②

4. 我去祖国台湾岛

陈貌

小木船，漂呀漂，
船儿骑着浪花跑，
船儿船儿哪里去？
我去祖国台湾岛。

台湾岛，小朋友，
和我拉手跳呀跳，
一同登上阿里山，
向着北京拍手笑！③

5. 咏鹅

[唐]骆宾王

鹅、鹅、鹅，曲项向天歌。
白毛浮绿水，红掌拨清波。

6. 悯农

[唐]李绅

锄禾日当午，汗滴禾下土。
谁知盘中餐，粒粒皆辛苦。

7. 梳子

谢武彰

妈妈用梳子
梳着我的头发
我也用梳子
梳着妈妈的头发

风是树的梳子
梳着树的头发
船是海的梳子
梳着海的头发。④

学习笔记

---

① 柯岩：《古今中外文学名篇拔萃·中国儿童诗卷》，194～195页，青岛，青岛出版社，1990。
② 辽宁少年儿童出版社：《幼儿歌谣100首》，84～85页，沈阳，辽宁少年儿童出版社，1982。
③ 刘希亮：《中国儿童歌谣500首》，449页，西安，未来出版社，1990。
④ 黄庆云：《台湾儿童诗选》，22页，重庆，重庆出版社，1987。

学习笔记

8. 排排坐

排排坐，吃果果，
你一个，我一个，
弟弟睡着了，
给他留一个。①

9. 阳光

林武宪

阳光在窗上爬着，
阳光在花上笑着，
阳光在溪上流着，
阳光在妈妈眼里亮着。②

10. 吹泡泡

张俊以

星星是月亮
吹出的泡泡
露珠是小草
吹出的泡泡
我吹出的泡泡
是一首首歌谣

苹果是花儿
吹出的泡泡
葡萄是葡萄藤儿
吹出的泡泡
我吹出的泡泡
是一串串欢笑③

11. 春天

常福生

春天是一本
彩色的书——
黄的迎春花，
红的桃花，
绿的柳叶，
白的梨花……

春天是一本
会唱的书——
春雷轰隆隆，
春雨滴滴答，
燕子唧唧唧，
青蛙呱呱呱……

春天是一本
会笑的书——
小池塘笑了，
酒窝圆又大，
小朋友笑了，
咧开小嘴巴……④

12. 薯片脆脆

薯片香香，薯片脆脆，
吃到嘴里，香又脆。
你一口，咔嚓，
我一口，咔嚓，
咔嚓咔嚓，咔嚓咔嚓，
薯片真美味。

13. 春晓

[唐]孟浩然

春眠不觉晓，处处闻啼鸟，
夜来风雨声，花落知多少。

14. 花儿好看我不摘

公园里，花儿开，
红的红，白的白，
花儿好看我不摘，
大家都说我真乖。⑤

① 刘希亮：《中国儿童歌谣 500 首》，484 页，西安，未来出版社，1990。
② 蓝海文：《台湾儿童诗选(下)》，59 页，长沙，湖南文艺出版社，1988。
③ 冬木：《中国获奖儿歌选》，148～149 页，沈阳，辽宁少年儿童出版社，1991。
④ 张美妮、巢扬：《中国新时期幼儿文学大系·诗歌卷》，270～271 页，西安，未来出版社，1998。
⑤ 于芳：《幼儿学诗》，103 页，北京，中国国际广播出版社，1991。

学习笔记

15. 雁

雁儿飞，
雁儿飞，
大家排好队。
排成人字飞，
排成一字飞，
大家齐努力，
谁也不掉队。

16. 逗蚂蚁

童昌

蚂蚁来呀来，
快快来吃饭，
什么饭？黄米饭；
什么菜？炒青菜；
什么筷？毛竹筷；
什么碗？烂泥碗。
吃不了，往回搬，
哼唷哼唷搬得欢。①

17. 小猫咪

小猫咪，爱梅花，
一路走，一路画，
朵朵梅花开在它脚下。

18. 小弟和小猫

柯岩

我家有个小弟弟，
聪明又淘气，
每天爬高又爬低，
满头满脸都是泥。
妈妈叫他来洗澡，
装没听见他就跑，
爸爸拿镜子把他照，
他闭上眼睛咯咯地笑。
姐姐抱来个小花猫，
拍拍爪子舔舔毛，
两眼一眯："妙，妙，妙，
谁跟我玩，谁把我抱？"
弟弟伸出小黑手，
小猫连忙往后跳，
胡子一撅头一摇：
"不妙，不妙！
太脏太脏我不要！"
姐姐听见哈哈笑，
爸爸妈妈皱眉毛，
小弟听了真害臊，
"妈！妈！快快给我洗个澡！"②

19. 春风

刘饶民

春风一刮，
芽儿萌发：
吹绿了柳树，
吹红了山茶，
吹来了燕子，
吹醒了青蛙。
吹得小雨轻轻地下，
孩子们河边去种瓜。③

20. 春天在哪里

望安

春天在哪里呀？
春天在哪里？
春天在那小朋友的眼睛里，
看见红的花呀，看见绿的草，
还有那会唱歌的小黄鹂。④

① 周兢：《幼儿园语言文学教育活动》，174 页，北京，中国广播电视出版社，1992。
② 刘希亮：《中国儿童歌谣 500 首》，280～281 页，西安，未来出版社，1990。
③ 金波：《儿歌三百首》，320 页，北京，北京少年儿童出版社，1984。
④ 蓝天出版社：《中外少年儿童歌曲精选》，131 页，北京，蓝天出版社，2000。

学习笔记

活动案例

一、活动名称

《走金桥》教学诗歌(大班)。

二、活动目标

①阅读理解诗歌内容，感受诗歌的连锁调特点。

②学念诗歌前半段，感受诗歌一问一答的趣味。

③通过变换速度、节奏等方法，萌发学习诗歌的兴趣。

三、活动准备

教学大书《走金桥》、视频、相关图片一组。

四、活动过程

(一)通过听赏诗歌导入活动

教师："今天，我给大家带来了一首有趣的诗歌，一起来听一听吧！这首诗歌叫什么名字？这首诗歌有趣吗？哪里有趣？"

引导幼儿感受一问一答的特点。

(二)阅读大书，观察画面内容，理解儿歌内容

1. 观察书的封面和前 3 页

教师："我还带来了一本大书，书上说的也是这首儿歌的内容。封面上有什么？书中哪里有金桥？哪里有银桥？你是怎样看出来的？"

2. 教师一边念一边引导幼儿逐页观察，理解诗歌内容

教师："'走，走，走金桥，走银桥'，走到哪里去呢？会遇到什么事情呢？让我们去看一看。'葱心儿'是绿的吗？'二叔公'是谁呢？"

(三)幼儿学念儿歌

1. 提出问题，请幼儿梳理情节

教师："儿歌都出现了哪些事情呢？(根据幼儿的回答出示相应的儿歌图片。)还有吗？想一想，哪一页没有说到？"

2. 请幼儿排列图片先后顺序

教师："哪些是先出现的？哪些是后出现的？请大家来排排队。"

3. 边问边学

以问答的方式检验幼儿排列的图片的顺序是否正确，边梳理边学习儿歌。

4. 再次完整地念儿歌

教师："这首儿歌是一问一答的，现在我来问，你们来答好吗？"

教师(小结)："你们回答的每一句的第一个字都是我提的问题的开头，这样的儿歌就叫连锁调。"

(四)变换速度、节奏念儿歌(加圆舞板按节奏念儿歌)

教师："孩子们，你们会念了吗？能跟着我的节奏念一念吗？"

(五)儿歌表演

①引导幼儿用各种肢体动作表示儿歌的内容，边念边学，提高趣味性。

②将幼儿分成两组，以问答的方式表演儿歌。

(提供者：南京市百家湖幼儿园的许长玲)

附：儿歌

走金桥

走，走，走金桥，走银桥。
桥底下，种葡萄。
种什么种？猪打洞。
猪什么猪？耗子哭。
耗什么耗？黄狗叫。
去什么去？葱心儿绿。
葱什么葱？二叔公。
二什么二？分两半儿。
分什么分？树下蹲。
树什么树？买只鹿。
买什么买？游过海。
游什么游？躲避球。
躲什么躲？生堆火。
生什么生？豆腐羹。
豆什么豆？
白饭竹笋炖鸡肉。
先来的，啃骨头。
后来的，吃不着，
钻进爸爸的大棉袍。

思考与练习

1. 尝试根据所给的儿歌，设计一个中班的语言教学活动。

洗澡

小鸟小鸟，喜欢洗澡，
张开嘴巴，梳梳羽毛。
小狗小狗，喜欢洗澡，
打个滚儿，搓搓背腰。
小猫小猫，喜欢洗澡，
伸出舌头，舔舔手脚。
宝宝宝宝，喜欢洗澡，
洗洗擦擦，又白又好！①

2. 尝试根据所给的故事，设计一个大班的语言教学活动。

野猫的城市

森林里住着许多动物，它们都没见过城市，很想知道城市是什么样的。
有一天，从城里来了一只野猫。动物们见了，一起围着问长问短，想请它

① 尹世霖：《海峡两岸儿歌百家》，151～152 页，济南，明天出版社，1992。

说说城市的事情。

野猫可得意啦。它摇晃着脑袋，东瞧瞧、西看看，然后皱着眉头说："城市太大了，我怎么能用嘴巴讲得清楚呢?"忽然，它拍拍脑门说："有了，让我来比画给你们看吧!"

野猫先让斑马躺在了地上。它告诉动物们，城市有许多马路，人们过马路要踩着斑马线走。接着，它就带领所有的动物从斑马的身上走了过去。斑马躺在地上觉得受不了，站起来踢踢脚，说："看来城市是一个很疼的地方。"

野猫又叫小鹿驮着它，站到了花奶牛的身旁。它对动物们讲城市很大很大，有一种地图就像花奶牛身上的图案，这一块、那一块表示不同的地方。野猫边说边用手指在花奶牛身上画来画去。花奶牛忍不住呵呵地笑着躲开它，说："看来城市是一个很痒的地方。"

野猫想了一想，又拍拍脑门说："对了，城市还有一个很特别的地方，城市里的爸爸都喜欢坐在抽水马桶上看报纸。"为了说明这点，它让大河马张开嘴巴当抽水马桶，自己坐在上面，又拉开小鼯鼠的两手装出读报纸的样子。森林里的动物们看得目瞪口呆，谁也说不出话来。正在这时，大河马闻到了一点儿不好闻的味儿，它打了个喷嚏，把野猫给扔了出来。哎哟，野猫刚落地，就听见小鼯鼠轻轻地咕哝："看来城市是个没羞的地方。"

野猫讲的城市没人要听了，森林里的动物都不喜欢野猫的城市。

有一天，一辆城里来的汽车开进了森林，车上下来了许多小朋友。动物们远远望着他们，都在想一件事，城市真的像野猫讲的那样吗?

小朋友，如果你也从那辆汽车里走下来，你想对森林里的动物说些什么?你说我们城市是什么样的呢?

专题八
幼儿园早期阅读活动

学习目标

1. 了解早期阅读的概念。
2. 理解早期阅读的内容及形式。
3. 掌握早期阅读的组织与实施的方法。

情境案例

案例一：

几个月大的孩子，抓着一本布书颠来倒去地当玩具玩耍；妈妈抱着2岁多的孩子一起翻看幼儿画报，妈妈指着画报说："这是小花猫"；一个4岁大的孩子学着大人的样子，倒拿着一本书，假装念念有词；孩子和妈妈一起上街，孩子指着商店招牌上的字兴奋地说："妈妈，这是'大'，这是'小'，我认识。"

……

研究表明，0～6岁是学习阅读的关键期。对于幼儿来说，只要是和阅读有关的任何行为，我们都可以算作阅读。

案例二：

我们班的阅读区里有这样一本图画书——《我的地图书》，这是孩子们最喜爱的。他们在翻阅书中的每一张地图时都像在看一种新式"玩具"，不停地用手在书上摆弄着，饶有兴趣地琢磨它的玩法。于是，我结合幼儿生活实际，对书中"我家附近的地图""我的一天地图"进行了修改和放大，投放到阅读区中，还提供了一些操作材料，如交通指示牌、小汽车、带有幼儿头像的贴纸等。这片小天地成了孩子们最爱去的区域，他们在"大地图"上摆弄交通指示牌、小汽车和贴纸，有时边操作边讲述，有时表演自己的故事，玩得不亦乐乎。

这两个案例对你有哪些启示？

___

___

___

本专题思维导图

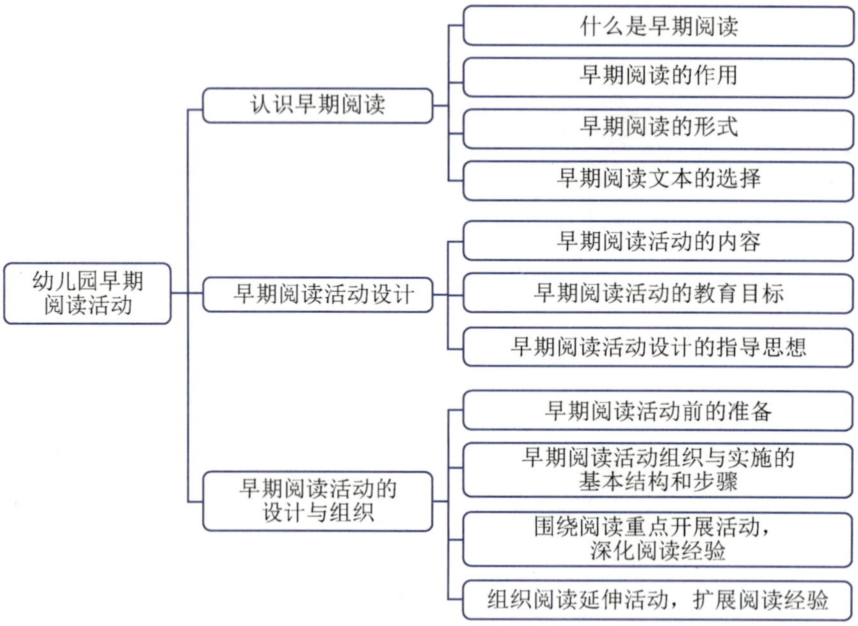

学习主题 1
认识早期阅读

学习笔记

学前期既是幼儿口头语言形成和发展的关键时期，也是幼儿建立语言符号系统的关键时期。早期阅读是幼儿语言学习一个不可或缺的部分，对促进幼儿语言发展具有重要的价值。

一、什么是早期阅读 >>>>>>>>>>>>>>>>>>>>>>>>>>>>

美国国家研究院早期阅读委员会认为：“阅读可以定义为以理解为目的，运用书面拼音知识和口语语音知识，从印刷文字中获取意义的过程。”

早期阅读是指幼儿凭借变化着的色彩、图像、文字或凭借成人形象、生动的讲述内容，来理解以图为主的幼儿读物内容的活动，它是一个融观察、记忆、思维、表达等多种认知于一体的综合过程。

早期阅读是阅读的“热身运动”。早期阅读的关键在一个“早”字，它是指幼儿在尚未具备独立阅读能力时所进行的与阅读有关的准备活动，与成人和中小学生以文字为基础的阅读有着本质的区别。心理学家研究发现，2 个月的婴儿即能分辨不同形状的物体与图案，因此从 2 个月开始即可以对幼儿进行适宜的阅读教育。早期阅读中读的不一定是完全意义上的“书”，而是由丰富的色彩、图像和少量的文字构成的、用不同材质制作的低幼读物。早期阅读的意义不在于“书”，而在于阅读的过程。早期阅读是幼儿借助于图书和成人交往与交流的过程。在这个过程中，幼儿不仅可以扩大和扩展对于外部世界的认识，而且可以扩大词汇量，提高语言理解能力，促进思维、情绪和社会性的发展。

对幼儿来说，早期阅读包括一切与阅读活动有关的行为，可以是视觉的，还可以是听觉的、触觉的，甚至口语的。包括翻书、翻报纸；看图书画面，理解故事情节，读懂图书中图与文的关系；与家长或教师一起通过看画面，猜图中的文字，了解文字的特点等。以上都属于早期阅读的范畴。

早期阅读为幼儿提供了从口头语言学习向书面语言学习过渡的机会，提供了从理解图画符号向文字符号过渡的机会。幼儿通过早期阅读做好前阅读准备、前识字准备和前书写准备，掌握一定的阅读和书写的准备技能，为将来的正式书面语言学习打下基础。3～8 岁是阅读能力发展的关键期，幼儿的早期阅读经验将为他们的学业发展和终身学习奠定良好的阅读基础。

学习笔记

二、早期阅读的作用 >>>>>>>>>>>>>>>>>>>>>>>>>>>>>

在社会和经济迅速发展的今天，人的阅读能力被视为具有很高价值的能力。人们认为阅读能力既是学业成就的主要表现，也是一个人未来从事各项工作的基本条件。越来越多的人认识到，阅读是学习的基础。苏霍姆林斯基说："孩子的阅读开始越早，阅读时思维过程越复杂，阅读时对智力发展就越有益。"美国国家研究院早期阅读委员会呼吁，幼儿阅读能力的培养是从孩子出生开始的，这不仅是家长和教师的工作，而且是整个社会的责任。心理学家和教育学家对早期阅读进行了大量的研究，认为早期阅读对促进幼儿的发展至少具有五个方面的积极作用。

（一）激发幼儿的学习动机

幼儿对周围的世界充满好奇和探究欲望，当他们发现很多他们感兴趣的问题都能在书本中找到答案时，阅读活动便和良好的情绪体验联系在一起。书本中的图片和文字激发幼儿进一步求知的兴趣和动机，引导幼儿到更广阔的世界去探索和发现。

（二）促进幼儿的智力发展

幼儿在阅读的过程中，通过丰富的想象使人物和情节变得更加具体生动。幼儿只有开动脑筋、积极思考，才能把书读懂。早期阅读好比是一种智力体操，早期阅读的过程也是一个主动创造、主动思考的过程。幼儿智力的发展需要恰当的刺激，早期阅读提供了一种促进幼儿智力发展积极的外部刺激。

（三）促进幼儿的人格发展

幼儿在早期阅读中接触的是优秀的、形式多样的幼儿读物，其中真善美的人物形象和积极向上的故事情节能使幼儿的情感受到熏陶，对幼儿兴趣、性格、理想、世界观的发展与形成产生积极影响，促进幼儿人格的健康发展。同时，具有早期阅读经验的幼儿对阅读有更浓厚的兴趣，对日后的学习活动有更强的胜任能力，这使幼儿进一步增强了学习的信心，也促进了身心的健康发展。

（四）发展幼儿的语言能力

从对语音稍有感觉到咿呀学语，进而跟随成人一起吟唱儿歌；从听懂语义、理解内容，到能够独自将图画的内容与实物形象联系起来，边看边说；从听故事到自编故事和讲故事，在这些由于阅读而产生的一系列语言活动中，幼儿可以发展敏锐的听力，把握正确的发音，掌握常用的词汇，获取书面语言的信息。通过

学习笔记

早期阅读，幼儿的口头语言能力和书面语言能力都得到了发展。

（五）发展幼儿自主阅读的预备技能

通过早期阅读，幼儿能更多地接触图书和其他书面材料，获得图书阅读的行为经验。例如，正确地取拿图书，准确地逐页翻书的经验；观察画面，分辨图画中的各种事物之间关系的经验；掌握按照从上到下、从左到右以及画面排列顺序阅读的规则和经验；在连环的图画之间运用反思、预期、质疑、假设等技能提高阅读理解能力的经验等。早期阅读经验的积累对幼儿今后的学习及自主阅读能力的发展具有不容忽视的作用。

相关链接

国际儿童读书日：1967 年 4 月 2 日，国际儿童读物联盟(IBBY)把安徒生诞生的日子确定为“国际儿童读书日”。

世界读书日：世界读书日全称为“世界图书与版权日”。1972 年，联合国教科文组织向全世界发出了“走向阅读社会”的号召，要求社会成员人人读书，让读书成为人们日常生活中不可或缺的部分。1995 年，国际出版商协会在第二十五届全球大会上提出“世界图书日”的设想，并由西班牙政府将方案提交给联合国教科文组织。后来，俄罗斯提出“世界图书日”还应当增加版权的概念。1995 年，联合国教科文组织正式宣布 4 月 23 日为“世界读书日”，目的是推动更多的人去阅读和写作，希望所有人都能尊重和感谢为人类文明做出过巨大贡献的文学大师、科学大师和思想大师，保护知识产权。4 月 23 日还是西班牙著名作家塞万提斯和英国著名作家莎士比亚的辞世纪念日。每年的世界读书日，世界 100 多个国家都会举办各种各样的纪念活动和图书宣传活动。

三、早期阅读的形式 >>>>>>>>>>>>>>>>>>>>>>>>>>>>>>

随着早期阅读观念的逐步深入，早期阅读成为幼儿生活中不可分割的重要部分。可以通过图画书学习阅读，可以在游戏活动中学习阅读，也可以在日常生活中学习阅读。早期阅读渗透于幼儿学习与生活的各个环节。家庭在幼儿的早期阅读教育中扮演着重要角色，而幼儿园是开展早期阅读教育的主阵地。

（一）家庭中的早期阅读

幼儿进入幼儿园之前的阅读活动主要在家庭中进行。幼儿在家庭中的阅读需要成人的温暖陪伴，尤其是父母。亲子阅读是家庭中开展早期阅读的重要方式。亲子阅读在温暖亲切的家庭氛围中进行，亲子阅读中常见的方式是父母将幼儿抱坐在膝头或与幼儿紧靠在一起，阅读图画书、朗读故事、启发提问、互动交流等。通过亲子阅读，幼儿不仅能享受与家长在一起的快乐时光，而且还能借由图画书这一载体学习知识。亲子阅读营造了浓浓的书香氛围，同时也增进了亲子之间的感情。

现代生活中，很多家长认识到亲子阅读对促进幼儿发展的重要意义，但却常因工作忙碌没法抽出时间或长期坚持陪伴幼儿阅读。还有些家长则把亲子阅读简单地理解为给幼儿讲故事、教幼儿识字等，这是对亲子阅读认识的误区。不同的家庭对亲子阅读的认识有较大差异，家庭中的早期阅读活动需要得到教师的指导。

练一练

当我和儿子一起阅读图画书《胡椒生长在哪里?》的时候，5 岁的儿子好奇地问："胡椒生长在哪里?"

"在装胡椒的袋子里，在胡椒点心房……""其实胡椒生长在印度、印度尼西亚和巴西。"

当我告诉儿子的时候，他似懂非懂地问："那我们家里可不可以生长呀?"

这个问题我也不知道怎么回答，于是我告诉他："我们一起去书里寻找答案吧。"阅读之旅就这样开始了。

上面是一个亲子阅读的案例，请为案例中的家长提供几条指导意见。

学习笔记

（二）幼儿园中的早期阅读

幼儿园的早期阅读是有计划、有目的地培养幼儿学习书面语言的教育活动。这种教育活动的目的在于帮助幼儿接触书面语言，发展他们学习书面语言的行为，培养他们对书面语言的敏感性，为进入学龄期的正式书面语言学习打下良好的基础。幼儿园中的早期阅读主要有两种形式。

1. 集体阅读活动

集体阅读活动是指幼儿在教师的指导下开展的早期阅读教育活动。我国幼儿园的早期阅读教育有别于其他文化背景下的早期阅读教育，这是由我国幼儿的集体教学背景决定的。

基于早期阅读教育对幼儿语言发展的重要意义，越来越多的幼儿园开展了对集体阅读活动的实践和研究，越来越多的一线幼儿教师开始关注如何创建多元的阅读环境、如何使用多元的阅读材料、如何建立有针对性的阅读评价指标、如何拓展阅读指导策略、如何建立集体阅读教学模式等实践问题。近些年来，幼儿园集体阅读活动的理论和实践发展很快，在培养幼儿自主阅读能力方面发挥着越来越重要的作用。

2. 区域阅读活动

与集体阅读活动相比，区域阅读活动更强调幼儿在幼儿园日常活动中的自主个体阅读。阅读区一般设在活动室中光线充足的地方，图书内容则根据幼儿年龄特点和需要定期更换。随着近些年来幼儿园硬件设施的不断改善，越来越多的幼儿园建立了专门的阅读区，阅读区里有方便幼儿取阅的书架，有舒适柔软的椅子和靠垫，有的还有摆放整齐的小桌子。阅读区安静温馨的环境和内容丰富的图书，很受幼儿欢迎。幼儿在阅读区域可以自由选择自己喜爱的图书阅读，也可以自主开展与图书阅读有关的活动，如自制图书、与同伴交谈图书内容等。幼儿园中的阅读区域为幼儿获取图书、阅读图书搭建了一个平台，有助于培养幼儿对图书阅读的兴趣。

四、早期阅读文本的选择 >>>>>>>>>>>>>>>>>>>>>>>>>

早期阅读依赖于阅读媒介，最适合幼儿阅读的媒介就是图画书。以图为主或图文并茂的图画书是幼儿阅读的首选读物。

学习笔记

（一）什么是图画书

图画书(Picture Book)也被称为“绘本”。图画书不是一般意义上写给幼儿的、带插图的书。日本儿童文学学者松居直认为，图画书是一种特定的少儿读物形式。在这种读物中，文和图之间有着独特的关系，它以飞跃性的、丰富的表现方法，表现只是文字或只是图画都难以表达的内容，即文字和图画用不同的方法表现同一个主题。国内图画书研究者彭懿认为，图画书是用图画与文字共同叙述一个完整的故事。说得抽象一点，它是透过图画与文字这两种媒介在两个不同的层面上交织、互动来讲述故事的一门艺术。

在图画书中，图画不是图书的点缀而是图书的命脉。图画书非常强调情感和主题的连续性，短短的几十页画面形成一个连续的视觉影像，完成一个连贯的内容主题。有些图画书中一个文字也没有，只用绘画来讲故事，如《雪人》《下雨天》等。有些图画书的画面里有少量的文字，这就要求图画书的文作者和图作者要有高度的默契，在有限的篇幅里把故事表现得既好看又清晰。一本优秀的图画书，可以让不认字的幼儿也能读出其中的意思。英国儿童文学研究者李利安·H. 史密斯女士在《儿童文学论》中用了一个例子来形象地解释什么是图画书。一个男孩和弟弟坐在一起看维廉·尼克尔松的《聪明的彼尔》，哥哥对弟弟说：“托米，你不认识字也没有关系，只要挨页儿翻，看画就能明白故事。”

图画书的内容、主题各有不同，版式(开本)和风格也不同。图画书是由封面、扉页、正文以及封底等构成的整体，就如同一件精美的艺术品。

图画书的发展已有上百年历史了，各种各样的图画书影响了一代又一代的小读者。直到今天，一些经典图画书如《逃家小兔》《母鸡萝丝去散步》《小蓝和小黄》《猜猜我有多爱你》《花婆婆》等还在散发着独特的魅力，深受家长、教师尤其是幼儿的喜爱。今天，可供幼儿选择的图画书种类越来越丰富。

（二）图画书的选择

优秀的图画书，既是幼儿爱上阅读的基础，也是开展早期阅读教学的重要保证。适合幼儿阅读的优秀图画书应该具有以下特点。

第一，图画书的思想性和儿童性并重。图画书的内容有一定的思想性和教育性，宣扬真善美，鞭挞假恶丑，主题单纯而不简单，情节生动有趣而不庸俗。图画书多以幼儿的视角表现幼儿的感情和感受。图画书中的角色能获得幼儿的认同感和亲切感，启发幼儿思考，引起幼儿共鸣。

第二，图画书的图文相互融合，结合紧密。书中的图画有艺术性和较强的表现力，能承载和传达故事的主要内容，书中的文字有文学性，并能与图画配合和呼应。图文有机结合能启发幼儿的想象力和创造力。

第三，图画书的版式和纸张质量上等，装订和印刷制作精良，书中字体大小适宜，颜色缤纷多彩，背景丰富和谐，夸张变形生动有趣。图画书能够培养幼儿的阅读兴趣和观察能力。

如何选择一本真正适合幼儿阅读的图画书呢？

1. 根据阅读年龄选书

教师可以参考分级阅读书单来选择合适的图画书。例如，适合低年龄段幼儿阅读的有《可爱的鼠小弟》《好饿的毛毛虫》《大卫不可以》等，适合高年龄段幼儿阅读的有《爷爷一定有办法》《风到哪里去了》《小房子》等。

学习笔记

2. 根据图书主题来选书

教师可根据主题来选择合适的图画书，具体举例如下：艺术主题《点》，知识主题《好吃的水果》《蚯蚓的日记》，生命教育主题《獾的礼物》《艾玛奶奶》，品格养成主题《菲菲生气了》《迟到大王》，亲情主题《我永远爱你》《亲情树》，励志主题《大脚丫学芭蕾》等。

3. 根据图画书奖项来选书

获得大奖的经典图画书往往穿过时间的长河，影响了一代又一代幼儿的成长，有很高的阅读价值，值得选择阅读。著名的图画书大奖有：美国凯迪克奖、国际安徒生奖、英国格林威奖、德国图画书奖、日本绘本大奖、中国丰子恺儿童图画书奖等。

相关链接

华语图画书大奖

我国于1990年正式加入国际儿童读物联盟(IBBY)，包括图画书在内的儿童图书跨国和跨区域的交流与合作逐渐走向深入。为了推动中国原创图画书的发展，各类图画书大奖应运而生。目前具有代表性的华语图画书大奖主要有五种。

2009年7月，第一个国际级华文儿童图画书奖“丰子恺儿童图画书奖”在我国香港成功举办。同年，信谊基金会设立了“信谊图画书奖”，目的在于培养原创图画书人才。2015年，“中国原创图画书时代奖”设立。2016年，以我国杰出漫画家、儿童连环漫画的开创者张乐平先生命名的“张乐平绘本奖”正式成立。同年，由曹文轩儿童文学艺术中心举办的“青铜葵花图画书奖”设立。以上奖项的设计意义深远，成为推动我国原创儿童图画书发展的有力推手。①

学习主题 2
早期阅读活动设计

《纲要》指出，要利用图书、绘画和其他多种方式，引发幼儿对书籍、阅读和书写的兴趣，培养前阅读和前书写技能。《指南》进一步明确了语言领域要为幼儿做好“阅读与书写准备”的要求，并提出三个方面的目标：喜欢听故事、看图书；具有初步的阅读理解能力；具有书面表达的愿望和初步技能。《纲要》和《指南》指明了幼儿园早期阅读教育的要求和目标，为幼儿园开展早期阅读活动明确了方向。

一、早期阅读活动的内容 >>>>>>>>>>>>>>>>>>>>>>>>>

幼儿园早期阅读活动包括三个方面内容：前阅读、前识字、前书写。这三个

① 王壮、刘晓晔：《我国原创儿童图画书的发展特色与趋势——基于对五大华语图画书奖项的分析》，载《现代出版》，2017(6)。

学习笔记

方面既相对独立又相互融合，最终目的都是帮助幼儿了解使用书面语言的意义，发展幼儿学习和运用书面语言的行为。三类早期阅读活动都加上“前”字，是要为幼儿以后学习正式的、大量的、系统的书面语言打下良好的基础。

（一）前阅读

亲子共读、自制小书、朗读故事、幼儿园集体阅读等活动可以培养幼儿对书本和阅读的兴趣，也可以使其了解图书的一般知识，掌握翻阅图书的经验，理解图书画面、文字与口语之间的对应关系，理解图书中蕴含的简单逻辑关系，为正式阅读做好准备。为了挖掘幼儿在未来进行流畅阅读的潜力，教师在前阅读活动中可以有意识地培养幼儿关于阅读策略的预备能力。图画书的阅读策略有：预期的策略、质疑的策略、假设的策略、反思的策略等。

（二）前识字

教师应引导幼儿有意识地关注在图画书阅读中以及在日常生活的不同场景中接触的各种文字、标志等符号，培养幼儿对汉字特征及汉字构成规律的敏感性，使其了解文字是一种有意义的符号，能轻松地辨识和掌握特定环境中的印刷文字，喜欢辨认各种有意义的标志，乐于探索不同汉字所代表的不同含义，对偏旁、组合方式、读音等有一定认知并自然地积累少量的汉字信息，为正式识字做好准备。

（三）前书写

前书写活动是指幼儿用笔或者其他书写替代物，通过感知、涂画、模拟运用文字或符号等形式，用图形和文字向周围的人传递信息、表达感情及构建前书写经验的游戏和学习活动。它可以是幼儿自发产生、自主进行的游戏活动，也可以是在成人的引导下进行的以游戏为主的学习活动。因此，教师可以通过引导幼儿涂涂画画，培养幼儿从喜欢用笔在纸上涂画到乐于了解汉字字形特征的兴趣，为正式书写做好准备。

以上三种活动的关键在于提供一种自由自在、无拘无束、充满乐趣的活动情境，让幼儿在一种积极投入、满怀兴趣的条件下进行自然而然的探索学习，这些活动不以幼儿究竟学会了多少知识、掌握了多少技能为衡量活动成效的标准，只要幼儿乐于参与这样的活动并从中有所受益，如爱上了阅读、喜欢指读认识的汉字、指着一个符号说“这就是我的名字”等，我们就可以认为早期阅读活动促进了幼儿的发展，并且这些活动必定会对其今后正式学习书面语言产生积极的影响。

二、早期阅读活动的教育目标 >>>>>>>>>>>>>>>>>>>>>>

早期阅读是一个多元、复杂的历程。幼儿园早期阅读活动的意义在于帮助幼儿萌发对书面语言的兴趣和敏感性，获得观察、体验有关书面语言的读写经验，逐步形成有益于终身学习、终身发展的自主阅读能力，为最终成长为一名自主阅读者。幼儿园早期阅读活动的教育目标具有整体性和全面性。

（一）从幼儿园教育目标的三个维度来理解

根据《纲要》和《指南》的精神，早期阅读活动的教育目标应体现情感态度、认知、技能三个维度的要求。

1. 情感态度方面

对书面语言的学习有兴趣，热爱书籍，爱护图书，喜欢听故事、看图书，喜欢观察各种书面语言信息，对不同场合的符号标记、生活中图文结合的书面材料(如菜谱、玩具说明书等)感兴趣并乐于探究，对文字有好奇心，对认识汉字、理解意义有成就感，愿意并喜欢与人交流图书阅读信息，乐于参加图书阅读活动，喜欢写写画画等。

2. 认知方面

认识图书的构成，理解图书的结构，懂得不同文化背景下文字的区别和意义，知道认识一定的汉字或英语单词可以读懂一本书，理解口头语言与书面语言的对应关系，知道同一个字可以发不同的音或同一个音可以对应不同的字，理解阅读图书和认识文字的意义，理解不同内容图画书的类型与区别等。

3. 能力方面

能安静地阅读图画书并提取有价值的信息，善于从图画中寻找答案，能根据画面和文字信息推测故事发展的线索或按示意操作，能根据自己的阅读理解来讲述阅读内容或提出问题，能用自己看得懂的涂鸦来表示想表达的内容，能认出或读出在不同场合认识过的汉字等。

（二）从早期阅读的三个方面内容来理解

围绕早期阅读的三个方面内容，周兢、张杏如在按不同年龄班特点编写的《幼儿园早期阅读课程——幸福的种子》这一套书中将早期阅读活动的教育目标分成四个发展阶段，见表 8-1。

表 8-1　不同发展阶段的早期阅读活动及教育目标

发展阶段	早期阅读活动内容及教育目标		
	前阅读	前识字	前书写
阶段一	1. 对书本和阅读表现出兴趣。 2. 能够通过封面认识不同的图书。 3. 知道书怎么拿，愿意自己翻书，翻页比较快。 4. 能给图画中的物品命名。 5. 开始辨别书中的角色。 6. 对图画中重点的部分能用语言表达出更多的信息。 ……	1. 开始了解文字是一种有意义的符号。 2. 假装读出图画的意思，好像在阅读文字一样。 3. 有时会注意具体的印刷符号。 ……	1. 能用画图来代表写字。 2. 喜欢拿笔在纸上涂写。 3. 书写内容具有随机性，以涂鸦为主。 ……
阶段二	1. 能持续几分钟听别人阅读文学作品。 2. 能边翻书边看画面，并跟随画面内容，讲述一个完整的故事。 3. 知道图画是用来代表真实事物的符号。 4. 提出的问题和做出的评论能说明对所听故事的字面意义的理解。 ……	1. 理解母语文字是一种特殊类型的视觉图像，每个字都有其独特的命名。 2. 能辨认周围环境中的印刷文字。 3. 能认识自己姓名中的文字。 4. 知道文字与图画是不同的。 ……	1. 开始觉察到成人所写的字是有意义的。 2. 偶尔做一些标记或乱涂。 3. 知道中文字字形独立的特征。 4. 知道中文字是一字一音。 ……

学习笔记

学习笔记

续表

发展阶段	早期阅读活动内容及教育目标		
	前阅读	前识字	前书写
阶段三	1. 能回答针对故事内容提出的预期和假设的提问。 2. 能将口语语法和书面语法对应，产生敏感性，有效地理解书面语言。 3. 能够在口语表达中恰当地进行口头语风格和书面语风格的转换。 4. 好像在通过文字阅读，尽管措辞不是逐字的，但是能把故事一页一页进行讲述。 5. 了解阅读的顺序。 ……	1. 知道读故事读的是印刷文字。 2. 能通过视觉识别一些汉字，包括一些非常常用的单字。 3. 懂得不同形式的印刷品可以用来表现不同功能的书面语言信息(如杂货清单和菜单)。 ……	1. 能够尝试书写类似汉字部件的符号。 2. 能够区别图画与符号的差别；使用工具时能控制工具。 ……
阶段四	1. 能在成人大声阅读书籍时相互交流。 2. 在阅读时寻找事件发生发展的某种原因，比较深入、正确地理解阅读内容。 3. 通过想象对阅读内容发展进行假设猜想。 4. 知道书的组成部分以及功能。 5. 听到熟悉的文本或者重读自己书写的内容时，开始追踪文字。 ……	1. 阅读时开始关注文字，知道可以寻找线索来区分出文字。 2. 熟悉一些文本或文体(如故事书、说明文以及标识、通知等日常印刷文字)。 ……	1. 有目的地做记号和涂画。 2. 能写自己的名字(名和姓)。 3. 可以不依常规地用书面方式表达自己的意思。 4. 意识到自己的书写与规范书写的差别。 ……

以上所展示的四个阶段的教育目标，可供幼儿开展早期阅读教育活动所采用，但是每一个阶段的区别，并非绝对的年龄差别，教师需根据幼儿的早期阅读经验和实际水平来选择相适应的教育目标、组织相适应的早期阅读活动。

(三)《指南》对不同年龄段幼儿的语言发展提出的目标

《指南》从三个年龄段出发，对语言方面的学习与发展提出了具体目标(见表 8-2)。

表 8-2 《指南》对不同年龄段幼儿的语言发展提出的目标

目标	年龄段		
	3～4 岁	4～5 岁	5～6 岁
目标 1 喜欢听故事，看图书	1. 主动要求成人讲故事、读图书。 2. 喜欢跟读韵律感强的儿歌、童谣。 3. 爱护图书，不乱撕、乱扔。	1. 反复看自己喜欢的图书。 2. 喜欢把听过的故事或看过的图书讲给别人听。 3. 对生活中常见的标识、符号感兴趣，知道它们表示一定的意义。	1. 专注地阅读图书。 2. 喜欢与他人一起谈论图书和故事的有关内容。 3. 对图书和生活情境中的文字符号感兴趣，知道文字表示一定的意义。

学习笔记

续表

目标	年龄段		
	3～4 岁	4～5 岁	5～6 岁
目标 2 具有初步的阅读理解能力	1. 能听懂短小的儿歌或故事。 2. 会看画面，能根据画面说出图中有什么，发生了什么事等。 3. 能理解图书上的文字是和画面对应的，是用来表达画面意义的。	1. 能大体讲出所听故事的主要内容。 2. 能根据连续画面提供的信息，大致说出故事的情节。 3. 能随着作品的展开产生喜悦、担忧等相应的情绪反应，体会作品所表达的情绪情感。	1. 能说出所阅读的幼儿文学作品的主要内容。 2. 能根据故事的部分情节或图书画面的线索猜想故事情节的发展，或续编、创编故事。 3. 对看过的图书、听过的故事能说出自己的看法。 4. 能初步感受文学语言的美。
目标 3 具有书面表达的愿望和初步技能	喜欢用涂涂画画表达一定的意思。	1. 愿意用图画和符号表达自己的愿望和想法。 2. 在成人提醒下，写写画画时姿势正确。	1. 愿意用图画和符号表现事物或故事。 2. 会正确书写自己的名字。 3. 写画时姿势正确。

激发幼儿的阅读兴趣是早期阅读活动的首要目标，培养幼儿良好的阅读习惯是早期阅读的重要目标，提高幼儿的自主阅读能力是早期阅读的核心目标。不同年龄段幼儿的阅读兴趣、阅读习惯和阅读能力的发展是循序渐进的，幼儿成长为一名自主阅读者需要早期阅读教育的有力支持。

三、早期阅读活动设计的指导思想 >>>>>>>>>>>>>>>>

（一）多元阅读教育观念

多元阅读教育能为幼儿创设多元阅读的情境，给幼儿提供多元阅读的引导。具体来说，应当包括下列因素。

1. 创设多元的阅读环境

把幼儿带入阅读世界的第一步就是激发他们的阅读兴趣。营造一种自在、有趣的阅读情境是引领幼儿成为爱书人的必要条件。在幼儿园的集体教学情境中，教师要为幼儿创设多元的阅读环境，除了引入充足的光线、提供高矮适中的桌椅外，还需要营造温馨、多元的阅读氛围。例如，幼儿可以在小沙发上独自阅读，可以在活动区内与小朋友一起阅读，可以听着音乐阅读等。

2. 建立多元的阅读互动关系

多元的阅读互动包括幼儿与阅读材料的互动，幼儿与幼儿之间的互动，幼儿与教师之间的互动等。教师可以引导幼儿选书、看书、与书对话；引导幼儿相互讨论图画书内容，讲述看到的故事；通过提问引导幼儿围绕阅读积极思考，主动参与阅读过程。

3. 选择多元的阅读材料

多元的阅读材料包括如下三方面：一是阅读的题材多样化，如有关幼儿生活、科学知识、环境问题、生命教育以及亲情、友谊、历险等方面的内容均适合幼儿

学习笔记

阅读；二是阅读的文体多样化，幼儿不仅可以阅读故事类图画书，还可以阅读儿歌、童谣、传记类和科学知识类图书，感受不同类型图画书的语言风格，学习多样化的语言表达特点；三是阅读的材料多样化，如可以是纸质的图书，也可以是广告、电子媒体材料、不同环境下的符号标记等内容。

（二）游戏阅读教育观念

游戏阅读教育具有两个层面的含义：一方面是指把阅读过程按游戏的特点来设计，激发幼儿参与阅读的兴趣，使其产生阅读的动机，获得阅读的快乐；另一方面是指引导幼儿在游戏中阅读。教师应在幼儿的游戏场景中有意识地渗透丰富的语言文字资料或阅读材料和内容，引导幼儿在游戏中自然地获得阅读的体验。

以游戏阅读教育的观念指导早期阅读活动的开展，尤其要关注早期阅读和游戏环境的有机结合，可以通过以下途径。

第一，提供和图画书有关的玩具。玩具可以帮助幼儿在图画书和已有经验之间建立起联系。玩具也可以成为阅读和游戏的“引子”，使得阅读由抽象的变为具体的，帮助幼儿在理解图画书的过程中降低通过文本中的抽象内容进行想象的认知负担。

第二，鼓励幼儿以游戏的方式对阅读内容进行回应。当阅读引起了强烈的情感，角色扮演和身体的动作就成为幼儿对图画书进行回应的一部分，这种多感官的经验为理解图画书内容、角色和情节提供了新的支架。在游戏中，幼儿可以放慢阅读的进程，“重游”在阅读中有疑问的地方，体验他人对于阅读内容的理解。

第三，引导幼儿使用绘画、戏剧表演、仿编创编等多种形式表达自己的阅读体验，并以游戏的方式表现出来。教师应充分利用游戏的趣味性和互动性吸引幼儿积极参与阅读表达活动，巧妙地把对阅读的指导行为转变为对游戏的支持行为，发展幼儿对阅读内容的理解能力和表达评判能力。

（三）整合阅读教育观念

整合阅读教育观念主要从四个方面来认识幼儿的早期阅读教育过程。

第一，幼儿对图画书的阅读过程是多方面认知的整合。幼儿的阅读过程是在注意、观察、思维、想象的基础上，对阅读内容进行分析、梳理和理解，这一过程需要幼儿多种感官协调一致，综合参与。

第二，早期阅读活动是口头语言与书面语言相互结合的整体。幼儿既需要用自己的语言去讲述他对阅读内容的理解，有效地促进口头语言的发展，又需要通过阅读材料中的文字、符号、图像等信息，获得书面语言的经验，增强对书面语言的敏感性。

第三，语言领域与其他领域内容的整合。早期阅读的材料内容丰富、主题多样，蕴含着多元的内容、丰富的情感、科学的认知、艺术的熏陶。幼儿通过阅读活动可以熟悉不同文体、不同作者的语言风格和特征，也可以发展在其他领域的能力。

第四，幼儿学习、教育与生活的整合。早期阅读活动越来越多地进入幼儿的生活，并与幼儿的学习教育紧密相关。幼儿在早期阅读活动中同时进行着两种活动，一是学会阅读，二是通过阅读来学习。这两种活动在幼儿阅读过程中同时并存，使幼儿的学习、教育与生活融合在一起。

学习笔记

学习主题 3
早期阅读活动的设计与组织

早期阅读活动是幼儿园语言教育活动的一种重要类型。随着理论研究和实践探索的不断深入，幼儿园教师、幼教专家对什么是科学的早期阅读、幼儿园的早期阅读活动应该如何开展等逐渐有了较为明晰的认识。

一、早期阅读活动前的准备 >>>>>>>>>>>>>>>>>>>>>>>

（一）分析图画书文本

教师在选择早期阅读活动的图画书时，应充分考虑幼儿的年龄特征和阅读经验。初步选定图画书后，应全面分析图画书的类型与功能，图画书的创作风格，语言特点，画面信息(包括图案、符号、色彩、线条、明暗)，以及图画书表达的情感，深入地理解图画书作者的创作背景与意图，读懂图画书所表达的核心价值，并找到该图画书内容与幼儿已有知识经验、生活经验的联结点。一本图画书的信息是非常丰富的，受早期阅读活动的时间限制或幼儿阅读经验的影响，并不一定要求幼儿在一次阅读活动中理解图画书中的所有信息。教师在活动前对图画书文本的精准分析有助于合理定位早期阅读活动的目标，明确阅读活动的重点，有效提升阅读活动的质量。

（二）创设与阅读活动相适应的阅读环境

幼儿自主阅读图画书或与同伴一起阅读图画书是获得翻阅图画书、学习图画书阅读策略的重要环节。对幼儿园组织的集体阅读活动来说，教师在教学活动前应充分考虑现实资源来创设与阅读活动相适应的阅读环境。例如，在幼儿翻书看书的前方引入充足的自然光线，或在上方提供亮度合适的光源；根据幼儿的人数提供数量合适的图画书(人手一本或两人一本等)；为了便于摊开翻阅图书放置高矮合适的书桌和与书桌高度相配的椅子；为了使阅读活动过程中图画书的呈现与阅读过程的展开相辅相成，可以在椅子的背面或椅子的下方设置专门用于放置图书的收纳袋；为了便于幼儿在阅读活动过程中与同伴相互交流和分享，可以将桌椅按分组式排列等；为了便于在阅读活动过程中开展动作模仿、大胆表演等阅读辅助活动，在排列桌椅时应有适当的空间间隔，为每名幼儿参与活动留有余地等。总之，创设与阅读活动相适应的阅读环境，需要考虑和解决活动组织与实施在操作层面上的具体问题。

二、早期阅读活动组织与实施的基本结构和步骤 >>>>>

以下探讨的是早期阅读活动在幼儿园集体阅读情境下组织与实施的基本结构、步骤，供教师在开展早期阅读活动时参考。

学习笔记

（一）创设情境，引发阅读兴趣

幼儿的阅读兴趣是保证早期阅读活动顺利高效展开的必要条件。在组织集体早期阅读教学活动中，通过一定的手段创设情境，引导幼儿自然而然地进入阅读的氛围是教师常用的方法。一般来说，教师可以通过语言导入、利用与阅读内容有关的教具玩具、出示图画书的封面组织讨论等方式调动幼儿已有的生活经验，激发幼儿产生进一步阅读的兴趣。以下是几种导入方法的示例。

1. 语言导入

示例 1：6 月的第三个星期天是父亲节，今天我们就来阅读一本关于爸爸的图画书。——《我爸爸》

示例 2：大家今天穿袜子了吗？为什么要穿袜子呢？今天我给大家带来一个故事，故事的名字是《永别了，袜子》。小朋友一起来阅读图画书，看看这本书里的“袜子”到底是什么呢？——《永别了，袜子》

2. 教具玩具导入

示例 1：(出示蓝天的背景图)看到这样的颜色你会想到什么？再加上一个小白点后又是什么？(教师出示用棉絮制作的小白云)今天我们的故事就发生在这蓝蓝的天空中，也是从这朵白云开始的。——《两朵白云》

示例 2：(教师出示一对兔子耳朵)看看老师手里的这个长长的东西像什么？小兔子长长的耳朵能干什么？有一本书的名字就叫《长长的……》，里面有许多小动物身上也有长长的东西，我们一起来看看。——《长长的……》

3. 封面导入

示例 1：观察封面，说说封面上有谁？“我的幸运一天”是“谁”的幸运一天？小猪？狐狸？——《我的幸运一天》

示例 2：观察封面。这是谁？他怎么了？从哪里看出来？——《国王生病了》

（二）组织有步骤阅读，开展阅读指导

早期阅读活动是发展幼儿书面语言意识和能力的活动过程，因此幼儿在教师指导下有步骤地阅读图画书是早期阅读种活动的中心环节。有步骤阅读是指根据图画书的特点、早期阅读活动的目标将多种阅读方式灵活选用、交互组合实施的过程。教师可通过阅读指导发展幼儿的阅读技能和阅读策略。

1. 幼儿自主阅读、教师和幼儿共同阅读

幼儿自主阅读是指集体阅读活动中教师允许幼儿根据自己的阅读习惯、阅读偏好和阅读速度，自由而主动地翻阅图画书获取图画书信息的过程。幼儿通过自主阅读与图画书进行积极互动。由于每名幼儿在阅读过程中的关注点不一样，幼儿在自主阅读中可能获得不同的信息以及不同的阅读体验。

教师和幼儿共同阅读指由教师利用大开本图书或图画书的相关照片和全体幼儿一起阅读，通过共同关注图画书的重要信息帮助幼儿相互启发、梳理经验、获得认知、促进理解。教师和幼儿共同阅读可以使教师的阅读指导更聚焦、更有针对性，既可以帮助幼儿梳理阅读的零散经验，也有助于纠正幼儿在阅读中一些错误认识，正确理解图画书的内容和意义。教师和幼儿共同阅读是集体教学情境下早期阅读活动中常用的阅读方式，在聚集幼儿注意，共同讨论和思考图画书内容，

理解图画书深层次意义等方面具有独特优势。

在早期阅读活动中，既可以先幼儿自主阅读再教师和幼儿共同阅读，也可以先教师和幼儿共同阅读再幼儿自主阅读，还可以穿插交互安排。教师可根据阅读活动的实际需要和活动意图的侧重点不同灵活安排。

2. 完整阅读、分段阅读、精选画面阅读

在阅读活动的组织实施过程中，为了让幼儿对图画书有整体认识和理解，需要让幼儿对图画书进行完整阅读；有些图画书信息量较大，篇幅较长，完整阅读会对幼儿理解图画书造成一定困难，则需要幼儿进行分段阅读，在分段阅读的过程中进行分段讨论，在分段理解的基础上再进行完整阅读；有些图画书的部分内容或图片特别精彩，在其中隐藏着关键信息或重要线索，或者因为活动设计需要幼儿特别关注图画书中的某些细节，则需要在阅读活动中安排精选画面阅读。

在早期阅读活动中，根据图画书内容与重点不同，教师可以将完整阅读、分段阅读、精选画面阅读三种不同的阅读方式灵活组合、科学安排，使阅读过程既符合幼儿的认知规律，也有助于幼儿理解图画书的意义。

3. 个体阅读、同伴阅读、集体分享阅读

个体阅读是指幼儿人手一本图画书，在阅读活动中自主翻阅图画书，它的优点在于发展幼儿的自主阅读能力；同伴阅读是幼儿与同伴一起翻阅图画书(如两人一本图画书)，幼儿可以在阅读过程中合作寻找图画书中隐藏的信息，或围绕图画书内容、情节等展开交流和讨论，它的优点是可以相互启发，积累阅读经验；集体分享阅读是教师提供图画书大画面顺序排列的展板，幼儿可以根据自己的阅读兴趣在图画书不同页面的展板前相互交流，它的优点是能够促进交流，增进对图画书内涵和意义的理解，加强图画书内容与幼儿生活经验的结合。

4. 不同阅读方式的选用与阅读指导的特点

有步骤阅读指在早期阅读活动过程中多种阅读方式综合选用、组合使用、交互进行。与不同的阅读方式相对应的阅读指导的重点也不一样。

如在幼儿自主阅读中，教师可以在幼儿自主阅读前提出阅读的要求，如把书摊开、用手指轻轻地翻、一页一页地翻等，帮助幼儿掌握翻阅图画书的正确方法。也可以在幼儿自主阅读前提出引导其思考的问题，使自主阅读成为一种有意识、有目的、自觉主动进行的阅读行为，而不是走马观花、漫无目的的行为。教师可用如下几个问题引导幼儿："你在书里看到了什么？讲了谁的故事？他在干什么？发生了什么事？后来怎么样了？"幼儿自主阅读既可以阅读整本图画书，也可以阅读教师指定的某一部分。

例如，在教师和幼儿共同阅读中，教师边翻阅边讲述，主导阅读活动的进程，把握阅读的进度，通过提问、谈话等方式引导幼儿边欣赏边思考，边理解边体验，帮助幼儿梳理图画书的书面语言信息、画面细节信息、结构逻辑信息，如故事的发生、发展、结局，人物之间的关系、出场顺序、对话和情感，事物之间整体与部分的联结等。在教师和幼儿共同阅读中，幼儿往往对阅读对象有更清晰的认知和理解。

例如，在分段阅读中，教师要更多地引导幼儿对图画书的内容进行反思和预期，并通过图画书内容来验证预期，以此在阅读过程中培养幼儿分析、综合、判断、推理、对比、概括等特定的阅读预备技能；在精选画面阅读中，教师要引导

学习笔记

学习笔记

幼儿联系自己的生活经验，说说自己最喜欢图画书中的哪几页，为什么最喜欢这几页，以此培养幼儿在阅读过程中提高体验自身情感的能力；在完整阅读中，教师要关注幼儿的所思、所感，要组织以幼儿为中心的讨论活动，要与幼儿协同合作，培养幼儿在阅读过程中的倾听和理解的技能；在同伴阅读中，教师要加强对如何合作阅读、如何寻找线索、如何与同伴沟通交流等方面的指导；集体分享阅读中，教师可以引导幼儿结合画面内容猜猜对应的文字是什么，鼓励幼儿展开想象，用语言表达图画书画面内容，提高幼儿对书面语言的感知能力，培养幼儿的理解能力和表达能力。

幼儿的阅读过程是一个复杂的心理过程。在这个过程中，幼儿通过观察、想象、探究、理解、情感表达等不断改组原有的认知，不断生成新的意义。早期阅读活动是多种阅读方式交互组合，是在教师指导下有步骤推进的阅读过程，既符合幼儿阅读理解的心理过程，也有利于幼儿阅读经验的积累和阅读能力的不断提高。

三、围绕阅读重点开展活动，深化阅读经验 >>>>>>>>>>

一次早期阅读活动的时间不能太长，一本图画书的阅读要求可以在不同的阅读活动中体现。每次早期阅读活动都有不同的活动目标来表述活动中要重点学习和传递的阅读经验。教师在组织早期阅读活动时，要做到心中有数，围绕不同的目标选择不同的重点来开展活动。以下通过两个案例来分析。

（一）某位教师设计的图画书阅读活动《猜猜我有多爱你》①

教师安排了两次活动。第一次活动的目标为：了解图画故事书的绘画特点，能观察图画中人物动作的细节。第二次活动的目标为：感受故事对话式的讲述方式，理解故事情节发展的渐进式规律，感受大兔子和小兔子之间的感情，获得美好的情感体验。

《猜猜我有多爱你》这本图画书使用清新、淡雅的水彩画展示了大兔子与小兔子之间温馨又绵长的爱。在第一次活动中，教师为了让幼儿体会这一特点，安排了分别用水彩笔和蜡笔为两只兔子上色的活动，并观察和对比不同绘画效果所带来的画面感受。通过自主阅读、教师和幼儿共读，引导幼儿重点观察并讨论不同画面中大兔子和小兔子的站位有什么不同，动作是什么样的，姿势和表情有什么变化等，引导幼儿通过人物动作细节感受兔子间的爱。

在第二次活动中，教师与幼儿在配乐下，分别用温柔和较慢、轻快和较快的声音分别模仿大兔子和小兔子的对话，使幼儿熟悉图画书中的语言。同时夸张地模仿大兔子和小兔子的动作，用线条的长短来表现爱的程度，用示范和仿编“海水有多深，我就有多爱你”等语言引导幼儿将爱的经验迁移到日常生活中对父母的爱，使幼儿不但能理解图画书情节发展的渐进式规律，而且能理解和体会美好的情感。

在对这本图画书的阅读活动中，两次活动各有重点，教师正是通过围绕阅读重点来开展活动，既实现了活动目标，又深化了阅读经验。

① 周兢：《幼儿园早期阅读教育活动设计》，15～18 页，北京，教育科学出版社，2010。

（二）不同教师设计的图画书阅读活动《国王生病了》

教师 A(大班活动)：阅读重点是“猜测和理解运动计划表的内容”。

教师通过出示纯文字的运动计划表，引导幼儿猜测计划表内容；通过自主阅读、集体阅读，观察图画书第 4～19 页的细节，引导幼儿分析和验证计划表内容，获得阅读的快乐。

教师 B(中班活动)：阅读重点是“理解图画书中文字和符号的意义”。

教师引导幼儿思考：国王每天的运动都不一样，你从哪儿看出来？引导幼儿寻找图画书页面中“星期一”到“星期日”的不同标识，让七名幼儿带上不同日期的挂牌按序排列，并用动作表示对应不同的运动项目，使幼儿理解书面符号(文字)的意义与口语的关系。

教师 C(大班活动)：阅读重点是“能用画图的方式绘制自己的运动计划表”。

在幼儿阅读图画书的基础上，教师引导幼儿说说自己喜欢的运动，并用图文并茂的方式制作从周一到周五的“运动计划表”，使幼儿积累了前书写经验。

通过对以上案例的分析可以看出，开展活动时要选择服务于活动目标的合适的方式，要围绕阅读活动的重点展开，这样才能深化幼儿的阅读经验，发挥阅读活动的价值。

学习笔记

四、组织阅读延伸活动，扩展阅读经验 >>>>>>>>>>>>>

阅读延伸活动一般在活动结束后，可以在区域活动中进行，也可以在家庭中进行；既可以是对阅读活动中未能完全展开的部分继续延伸，也可以是对阅读活动的进一步深化。例如，对图画书的进一步自主阅读、亲子共读，与幼儿共同讨论图画书中的内容，向父母讲述图画书中的故事，复述或表演图画书故事，扩编或续编故事，围绕图画书内容开展游戏活动，自制图画书等多种形式，进一步扩展幼儿的阅读经验。

早期阅读活动对幼儿前阅读、前识字、前书写能力的培养的目标并不能通过一次活动就能实现。由于这是一个循序渐进、逐步积累、稳步提升的过程，因此教师必须树立长期教育的观念，通过区域活动、家庭活动等多种渠道开展阅读延伸活动，更好地发挥早期阅读教育活动的教育功能，进一步提升幼儿的阅读能力。

活动案例

一、活动名称

阅读《猪先生去野餐》(大班)。

二、活动目标

①理解故事内容，感受诙谐、幽默的文学基调，初步懂得“别人的东西再好也还是别人的，做自己才是最好的”。

②学习观察画面，用自己的话大胆表达画面内容，并对情节发展进行推测，喜欢阅读图书。

学习笔记

三、活动准备

人手一本图画书(事先放到椅子背后的袋子里)、故事图片的幻灯片。

四、活动过程

(一)导入

教师:"今天,我给大家带来一本有趣的图画书,叫《猪先生去野餐》(出示图书)。什么是野餐?猪先生想邀请猪小姐一起去野餐。那么,它怎样才能打动猪小姐,使猪小姐接受它的邀请呢?"

(二)阅读前半部分

1. 教师和幼儿共同阅读(一起看幻灯片)

教师:"我们来看看,猪先生它会怎么做?它是怎样打扮自己的?"

2. 幼儿自主阅读(事先用夹子先将后半部分图书夹起来)

教师:"猪先生精心打扮之后,带着鲜花出发了。路上,它遇到了一些朋友。朋友们听说了野餐的事,都很热心地给它出主意,帮助它。哎,会有哪些朋友呢?会给它怎样的建议和帮助呢?请小朋友自己去书里找找吧!"

教师:"请你先听好,我有两个要求,具体如下。第一,两个人看一本书,要和旁边的小朋友一起看。你们会吗?第二,要一页一页地仔细看,看到有个小夹子的地方为止。"

3. 集体分享阅读,鼓励幼儿用自己的话来表达阅读后的理解

教师:"猪先生先后遇见了哪些朋友?"(点击幻灯片)

教师:"朋友们给了它哪些建议和帮助?"(点击幻灯片)

(猪先生先后遇见了狐狸、狮子和斑马;狐狸、狮子和斑马分别把自己的尾巴、头发和条纹借给了猪先生)

教师:"朋友们为什么要把自己身上的东西借给猪先生呢?"(真是些热心的朋友,把自己身上最心爱的东西借给了猪先生)

教师:"它们会对猪先生怎么说呢?猪先生心里又会怎么想呢?我们一起来看看!"(点击幻灯片)

教师:"狐狸会怎么说?"(引导大部分幼儿回答)

教师:"真是个热心肠的狐狸!那猪先生心里又会怎么想呢?"(引导个别幼儿回答)

教师:"我们一起来学学狐狸和猪先生吧。我来做狐狸,你们是猪先生。"(师生互动,先集体后个别,交换角色)

教师:"狮子和斑马又会对猪先生说什么呢?请你和旁边小朋友说一说"(讨论后再请个别幼儿回答)

教师:"朋友们到底是怎么说的呢?我们来听一听。"(教师结合幻灯片讲述故事)

教师:"原来,朋友们不仅想让猪先生长得更帅,更漂亮,而且还想让它看上去既像狐狸那样……(聪明),又像狮子那样……(威猛),还像斑马那样……(英俊)。"(教师可用动作做辅助提示)

教师:"这么完美的一个猪先生,肯定能打动猪小姐了吧?"

学习笔记

4. 猜想与讨论

教师："瞧，猪先生终于来到了猪小姐的家，它激动地按响了门铃。猪小姐会接受它的邀请吗？为什么？"

(三)阅读后半部分

1. 幼儿自主阅读后半部分

教师："到底会怎么样呢？我们再到书里去找找吧！请你们取下书上的小夹子，放后面的袋子里，接着往后看，一直看完为止。"

2. 交流阅读后的理解

教师："猪小姐接受邀请了吗？你从哪儿看出来猪小姐没有接受？"(点击幻灯片，展示猪小姐眼瞪得圆圆的，嘴张得大大的的图片，请幼儿学这个表情)

教师："猪小姐会怎么说呢？我来做猪先生，你们来做猪小姐。"

教师："猪小姐为什么不接受猪先生？"

教师："这个样子还像原来的猪先生吗？"

教师："哎呀，那这个时候猪先生心里会怎么想呢？"

教师："看来，别人的东西再好，也还是别人的，做自己才是最好的。"

教师："后来猪先生又是怎样打动猪小姐的呢？"(教师和幼儿一起看幻灯片：猪先生飞快地跑回去，把条纹、头发、尾巴都还了，终于邀请到了猪小姐)

(四)完整阅读

教师："现在我们一起来完整地看一遍书，一边看一边讲，好吗？边看边讲故事。"(教师和幼儿共同完整地阅读图书)

教师："刚才，大家看到这一页都笑了，为什么笑啊？"

(五)活动延伸

教师："这真是一本有趣的图画书！这样的图书有一整套，另外还有三本呢！以后我们再来看。"(点击幻灯片)

(本活动案例由浙江省绍兴市上虞区梁湖中心幼儿园提供。)

活动案例

一、活动名称

阅读《布小姐的旅行》(大班)。

二、活动背景

幼儿园所在乡镇的特色产业之一是童装生产，童装企业遍布全镇。幼儿的父母中60%以上从事着与童装生产、销售产业链相关的工作。受父母的影响，幼儿对童装工厂及服装制作等有丰富的生活经验。《布小姐的旅行》是本园大班教师自创、自绘、自编的一本图画书，本次活动是在大班园本主题活动——"园服进行曲"中生成的。图画书通过布小姐转变为衣服小姐的过程，向幼儿展示了制作一件衣服的全过程。图画书以布小姐与制衣师傅的对话，表现了布小姐勇敢、不怕艰辛的转变过程。同时，幼儿在阅读中还能体会到，一块布变

学习笔记

成一件衣服离不开制衣师傅的辛勤劳动，从而学会关心、尊重劳动人民(父母)的成果。

三、活动目标

①学习自主阅读图画书，了解布小姐旅行的过程和内容。

②观察画面内容，对阅读感兴趣。

③体会制衣师傅工作的辛苦，萌发关心、尊重劳动人民的情感。

四、活动准备

幻灯片、小绘本若干本、大绘本一本。

五、活动过程

(一)出示大绘本封面导入

教师："今天老师带来了一本书，看看封面你发现了什么?"(认识书名)

教师："封面上还有什么呢?"(观察封面)

教师："今天这位布小姐要去旅行，她会发生什么事情呢?"(猜测)

(二)教师和幼儿共同阅读，理解故事内容

1. 观看大书第 1 页，欣赏第一段

教师："这是一位怎样的布小姐? 她为什么要去旅行? 她会去哪旅行呢?"

2. 幼儿阅读图画书的第 2 页、第 3 页，了解衣服的准备阶段

①教师："布小姐先去了哪里? 遇到了谁? 她在干什么呢?"(幼儿自主阅读小绘本)

②教师："画面中有谁? 他们和布小姐说了什么? 布小姐又是如何回答的?"(演示幻灯片，讲述故事)

③教师："第一站、第二站是什么工序? 有什么作用呢?"

教师："验布车间和打样车间是准备阶段，接下来我们要进行制作阶段了，又会发生什么有趣的事情呢?"

3. 幼儿阅读第 4～6 页，了解衣服的制作过程

①教师："布小姐又去了哪些地方? 这些地方有什么特点? 画面中有哪些机器，它们分别有什么作用?"(幼儿自主阅读小绘本)

②教师："第 4 页、第 5 页中的这些车间有什么作用? 车间的师傅分别和布小姐说了什么? 布小姐又是怎么回答的?"(演示幻灯片，讲述故事)

③教师：布小姐变成衣服小姐之后，她还需要干什么?

4. 幼儿阅读第 6 页，了解成衣的最后工序

教师："布小姐最后去了哪里? 她发生了什么变化?"(演示幻灯片，讲述故事)

(三)完整阅读，了解制衣师傅工作的辛苦

①教师："你觉得布小姐的旅行神奇吗? 她为什么会变成漂亮、自信的衣服小姐?"

②教师："布小姐在旅行中，最应该感谢的是谁?"

③教师："你喜欢故事中的谁? 为什么? 你最喜欢图画书的哪一页，为什么?"

④教师："布小姐变成漂亮的衣服小姐离不开制衣师傅的辛勤劳动，他们就

在我们身边。他们心灵手巧，把布小姐变成各种各样的衣服小姐，丰富我们的生活。”

4. 讨论与活动延伸

教师：“你的爸爸妈妈在服装厂做的是什么工作？你喜欢爸爸妈妈的工作吗？我们可以用什么方式去关心制衣的爸爸妈妈们？原来生活中的事还可以编成这么好看的图画书，小朋友们喜欢编一本什么样的图画书？”

（本活动案例由浙江省绍兴市上虞区汤浦镇中心幼儿园提供。故事编辑、活动方案设计：朱尧红；绘本插图：赵雅平；指导者：徐亚君。）

学习笔记

附：

布小姐的旅行

在制衣仓库的角落里有一位布小姐，她是个害羞、胆小的小姑娘，她一直梦想着能有一次奇妙的衣服之旅。

第一站，她来到了验布间。验布师傅说：“可能会有点痒。”布小姐说：“没关系，只要能变成美丽的衣服小姐。”随着“吱——吱——”的声音，布小姐顺利通过检验。（见图 8-1）

第二站，她来到了样板间，样板师傅请她挑选各种形象。样板师傅说：“可要仔细挑哦！”布小姐说：“我会仔细挑，变成最美丽的衣服小姐。”

第三站，她来到了裁剪室。裁剪师傅说：“可能会有点儿疼。”布小姐说：“我能忍住，只要能变成美丽的衣服小姐。”裁剪师傅熟练地用割布机把布小姐分割成了一片片的样衣片。（见图 8-2）

裁剪师傅把布小姐送到了第四站——缝纫间。缝纫师傅说：“可能会有点痛。”布小姐说：“我能坚持，只要能变成美丽的衣服小姐。”随着缝纫车针和线妹妹们欢快的舞蹈，布小姐已经有了衣服小姐的模样。线妹妹们看着布小姐的变身，欢呼道：“哇！真美！真美！”（见图 8-3）

图 8-1

图 8-2

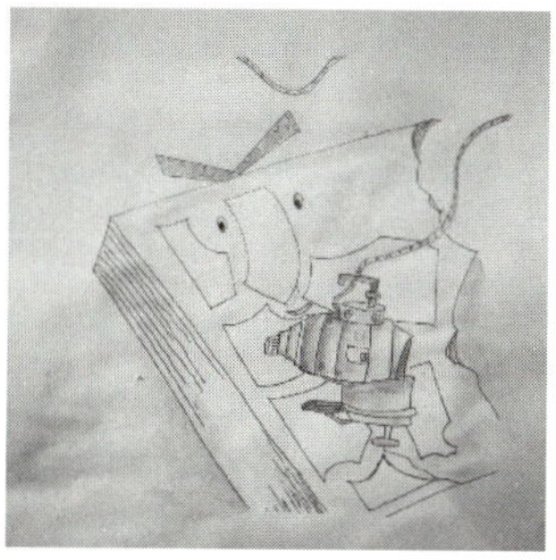

图 8-3

缝纫师傅把布小姐送到最后一站——后道间。在这里，她经过了钉扣、剪线、熨烫、打标签、包装……（见图 8-4）

害羞、胆小的布小姐不见了，她变成了一位漂亮、自信的衣服小姐！所有的师傅都来为布小姐欢呼、喝彩。这真是一次神奇的旅行啊！（见图 8-5）

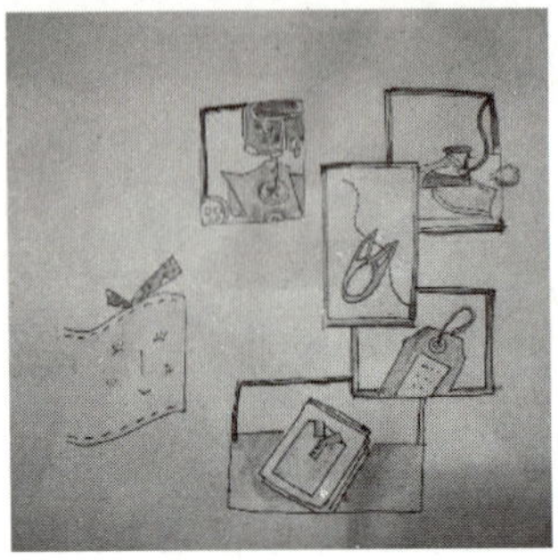

图 8-4

图 8-5

思考与练习

1. 联系实际谈谈早期阅读活动的价值。
2. 如何理解早期阅读活动的目标?
3. 联系上述案例分析幼儿早期阅读活动的基本结构和步骤。

专题九 幼儿语言教育评价

学习目标

1. 了解幼儿语言教育评价的概念。
2. 理解幼儿语言教育评价的内容。
3. 掌握幼儿语言教育评价的方法。

情境案例

在一次中班谈话活动“快乐六一分享会”中，教师对幼儿的语言表达进行了记录和评价。

楠楠：“我和童童一起分享了好吃的，我带来了薯片。”

涛涛：“老师，我也和佳佳一起分享了草莓味的饼干。”

微微：“我也和森森一起分享了好吃的。”

琳琳站起来扭扭捏捏的，一会儿拉拉衣服，一会儿看看身边的同伴，“嗯嗯……”地纠结着。

佳怡看着老师，皱着眉头，一句话也没说。“请坐，等你想到了再和我们分享吧。”教师的话音刚落，佳怡开心地坐下去。

欣雨：“排好队出发，老师叫我们去找小班的弟弟妹妹，然后到了小班，我们找到了弟弟妹妹，然后我们开心地分享好吃的，后来老师叫我们排好队回到中班了。”

芸芸：“今天，我们和弟弟妹妹一起过‘六一’，老师让我们去找一位小朋友，我找到了天天弟弟，我给他吃了薯片，他给我吃了棒棒糖，我们很开心，然后我们排好队回教室了。”

……

教师评价：中班幼儿相比小班幼儿来说，运用语言的能力有一定发展，能较清楚连贯地表达想说的内容。幼儿语言表达能力的个体差异较大，有些幼儿重复同伴所说的内容，缺乏新意；有些幼儿在集体面前不敢说、不想说；大部分幼儿偏重于叙事性表达，在词汇丰富性、语句多样性、描述形象性等方面还有待提高。①

上述案例对你有何启示？

本专题思维导图

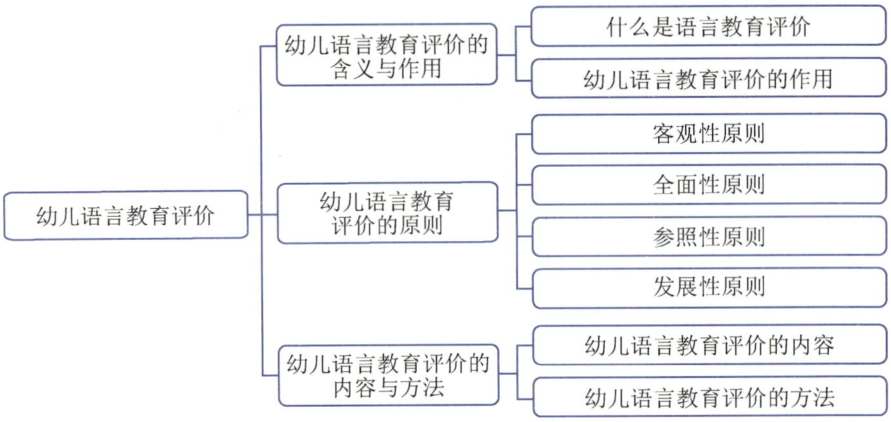

教育评价就是衡量教育工作的价值。《纲要》的第四部分专门论述了教育评价在幼儿园教育工作中的重要意义，特别强调了教育评价在促进幼儿发展、提高教育质量方面的作用。教师对幼儿语言教育评价的认识是随着对幼儿语言发展和语言教育的认识的不断深化而发展起来的。

学习主题 1
幼儿语言教育评价的含义与作用

一、什么是语言教育评价 >>>>>>>>>>>>>>>>>>>>>>>>>

教育评价是在收集信息资料的基础上对教育活动做出价值判断的活动过程，是一种在事实基础上所做的价值判断，它既注重对教育对象的客观描述，又强调对教育对象的解释和判断。

幼儿语言教育评价是以教师或其他学前教育工作者为评价主体的一种评价活

① 案例由浙江省绍兴市上虞区丁宅幼儿园的王桂克老师提供。

动。幼儿语言教育评价的内容包括两个方面：一是幼儿语言能力的发展状况，二是语言教育活动的质量。因此，幼儿语言教育评价是指在收集幼儿语言能力的发展状况和教育活动中的各种客观信息的基础上，依据一定的客观标准对幼儿语言能力的发展状况和语言教育目标的实现情况、内容选择、过程实施、方法运用及效果体现等方面做出价值判断的活动。

幼儿语言教育评价是语言教育实施过程中一个不可缺少的环节，其主要目的在于建立一种积极的反馈机制，从而有效地调节和改进幼儿语言教育的过程，进一步提高幼儿语言能力和语言教育质量。

幼儿语言教育评价是学前教育评价的一部分，应该在科学的教育观和评价观的指导下，深入研究幼儿语言发展的规律和幼儿语言教育的特点，根据《纲要》第四部分“教育评价”的要求，科学评价幼儿在语言发展方面和教师在语言教育领域的表现，积极发挥幼儿和教师双方的主体作用，以评促学、以评促教，真正有效地促进幼儿语言能力的发展和教师语言教育能力的发展。

二、幼儿语言教育评价的作用 >>>>>>>>>>>>>>>>>>>>>>>>

（一）导向作用

幼儿语言教育评价指标体系是对幼儿语言发展及语言教育目标的分解和具体化。语言教育评价的过程，就是把幼儿语言发展和语言教育活动的实施情况与语言教育指标评价体系相比较的过程。因此，教师通过评价活动可以更清晰地发现评价对象与目标之间的差距，从而更有效地促进被评价对象靠近教育目标。也就是说，幼儿语言教育评价可以使语言教育活动始终朝着既定的目标前进。

（二）诊断作用

教师通过幼儿语言教育评价活动可以诊断幼儿在语言教育活动中的语言发展状况；可以诊断幼儿在学习语言时在知识经验和能力技能上的准备程度、已有的语言发展水平等，以此来决定幼儿语言教育的目标和内容；可以诊断幼儿语言教育活动的实际效果，还可以诊断本班幼儿在语言方面的兴趣、个性、语言能力等方面的差异，以便教师因材施教和有的放矢地进行个别指导。

（三）调节作用

教育评价在语言教育整体运行中具有增效作用。若能做到在语言教育过程中每走一步都做出评价，并以此为基础再走下一步，就可能避免许多无效劳动，使教师和幼儿的时间和精力花费在能取得实效的活动上。经常性的评价还可为学期或学年总评价积累素材，进行客观的归纳和总结。

（四）激励作用

评价可以使被评价者看到自己的优点和缺点，能够激励教师发扬优点、克服缺点，促进教学的主动性和创造性。例如，通过评价可以对教师的教学和幼儿的学习是否有效进行反馈；可以对幼儿语言学习中的进步进行反馈，从而增强幼儿学习语言的信心；可以对语言教育活动的设计与实施中存在的不足进行反馈，从而激发教师钻研语言教育活动过程、提高教育活动成效的热情。

学习笔记

学习主题 2
幼儿语言教育评价的原则

学习笔记

幼儿语言教育评价的原则是在进行语言教育评价时必须遵守的基本要求。为了使评价的作用得到充分发挥，应遵循以下原则。

一、客观性原则

客观性原则是指实施语言教育评价时必须采取客观公正、实事求是的态度，科学地确定和使用评价标准，尽量减少主观臆断和个人情感因素的影响。这是进行语言教育活动评价的基本原则。

遵循客观性原则，首先，要求评价者必须根据客观的评价标准来实施评价。评价标准是客观的，应符合目标要求，标准一旦确定就不能任意改动。在评价过程中随意调整、更改标准等都是不符合客观性原则的。其次，要求评价标准应适合于每个评价对象，不能以偏概全，否则就不是客观的标准。最后，要求评价者以客观公正的态度对待每个评价对象，不能添加个人感情色彩，更不能因个人好恶而使评价结果出现偏差。

二、全面性原则

全面性原则是指应该对语言教育活动的各个组成部分和各个构成要素进行全面的评价。语言教育是一个综合的活动过程，在实施语言教育评价时，既要对幼儿语言发展情况进行评价，又要对教师的教育教学进行评价；既要对语言教育目标进行评价，又要对语言教育内容和方法进行评价；既要对教具、学具的选择和利用进行评价，又要对教师与幼儿之间的互动情况进行评价；既要对静态的活动要素进行评价，又要对动态的活动要素进行评价。

三、参照性原则

参照性原则是指进行语言教育评价时要有一定的客观依据。首先，要依据幼儿语言发展的基本规律和幼儿在每个年龄阶段应有的语言发展水平做出恰当评价，不可任意提高或降低评价的标准。其次，要依据语言教育活动的目标来评价。目标不仅是教育活动组织和实施的指南，而且是教育活动评价的指南和参照的依据。在评价过程中，脱离目标另定标准的做法是不可取的，也是缺乏科学性的典型表现。

四、发展性原则

发展性原则强调评价的根本目的在于促进幼儿语言的发展以及运用语言能力的提高。语言能力是在运用的过程中不断发展起来的，是一个连续不断的过程，在实施语言教育评价时，不能仅仅着眼于当前一个时期幼儿语言的状况，还要看到幼儿语言发展的潜力和今后的发展方向。对教师开展语言教育活动的评价也同样如此。

《纲要》明确指出："教育评价是幼儿园教育工作的重要组成部分，是了解教育的适宜性、有效性，调整和改进工作，促进每一个幼儿发展，提高教育质量的必要手段。""以发展的眼光看待幼儿，既要了解现有水平，更要关注其发展的速度、特点和倾向等。"这实际上明确了教育评价应促进幼儿不断发展的思想，体现了教育评价的发展性原则。

学习笔记

学习主题 3 幼儿语言教育评价的内容与方法

一、幼儿语言教育评价的内容 >>>>>>>>>>>>>>>>>>>>>>

幼儿语言教育评价的内容主要包括两个方面：一是对幼儿语言能力的发展状况的评价，二是对幼儿语言教育活动质量的评价。

部分幼儿园在语言教育评价方面存在一定的片面性。例如，会把幼儿会背几首儿歌或唐诗，会讲几个故事等同为对幼儿语言发展的评价。对教师组织的语言教育活动进行评价时，偏重于语言教育内容上的新颖性、形式上的创新性，比较关注教师的教，对幼儿的学则关注不够等。出现以上问题的原因是：对幼儿语言教育评价缺乏深入系统的研究，缺乏一个科学的语言教育评价体系。随着《纲要》和《指南》的深入贯彻和实施，人们对幼儿语言教育评价的重要性、评价的基本要求等有了进一步认识，建立一套既符合纲要和指导精神，又便于实际操作的幼儿语言教育评价体系势在必行。

（一）对幼儿语言能力的发展状况的评价

对幼儿语言能力的发展状况的评价包括以下五个方面。

1. 对语音发展的评价

对前语言发展时期和语言发展时期的幼儿来说，评价内容包括辨音能力的发展和发音能力的发展。辨音能力即幼儿感知和辨别单一的语音和音节的能力。研究表明婴儿在大约两个月后就开始逐渐获得对语音内部要素的感知和分辨能力。发音能力即是对声母、韵母和音节的正确发音。对 2～3 岁的幼儿还应评价其语音意识的发展，即幼儿能否自觉地辨别自己的发音是否正确并主动纠正错误。

2. 对词汇发展的评价

主要内容是词汇量及对词义的理解能力两方面。幼儿对词汇的掌握呈现出阶段性的特征，对词义的理解随着年龄的增长和知识经验的积累不断深入。幼儿掌握的词汇量及对词义的理解能力与幼儿所接受的语言教育和一定的训练有关，如

学习笔记

家长和教师的有意识引导、看图说话等表述能力的训练等。

3. 对语法发展的评价

对语法发展进行评价的主要内容是句子长度。欧美国家的研究者通常用“句子的平均长度”(MLU)这一指标来测量幼儿早期语言发展程度，国内学者对不同年龄段汉语幼儿的句子平均长度也进行了研究。这些研究成果为评价幼儿语法发展水平提供了依据。

4. 对语言运用技能的评价

语言运用技能主要指幼儿在一定的语言情境和交际环境中有效使用所掌握的语言工具的能力，因此对语言运用技能的评价内容包括幼儿能否使用得体的语言，能否用较少的语词传递尽可能多的信息，能否变换语言形式传递主要信息，能否利用手势和表情帮助交际，能否根据反馈信息随时调整语言编码，能否把握说话的时机，以及能否专注倾听、正确理解、及时反应等。

5. 对阅读和理解能力的评价

近年来随着对幼儿自主阅读能力发展的重视，幼儿语言教育中特别强调早期阅读和理解能力的培养，因此对幼儿语言发展的评价还应包括对其阅读和理解能力的评价。对这一内容的评价可依据幼儿早期阅读教育的目标来展开。

（二）幼儿语言教育活动质量的评价

幼儿语言教育活动是有目的、有计划地对幼儿进行语言教育的过程。评价的主要内容包括以下几个方面。

1. 活动目标的适宜性

活动目标的适宜性主要指是否聚焦了不同类型语言教育活动的核心经验。例如，谈话活动重在培养幼儿的倾听能力、口头语言运用能力、谈话策略等；讲述活动重在促进幼儿对讲述对象的观察理解能力，以及运用不同风格的语言讲述对象的独白语言能力等；早期阅读活动重在发展幼儿的阅读行为和习惯，理解阅读内容等能力。活动目标的适宜性还体现在是否符合对不同年龄阶段幼儿的语言发展要求，是否体现了对幼儿语言能力个别差异的发展性目标。对语言教育目标的适宜性的评价一般从认知、情感和能力三方面进行，进行评价时主要是看全体幼儿或大多数幼儿对语言学习任务的完成情况及在语言活动中的实际表现。

2. 活动内容和形式的合适程度

在评价语言教育活动时，主要分析教师对活动内容的选择是否与目标的要求相一致，活动内容是否符合幼儿的认知水平和年龄特征，内容的分量是否得当，内容的安排是否突出了不同类型语言教育活动的重点和难点等。为了提高幼儿运用语言的能力，无论是谈话活动还是讲述活动，语言活动都应该创设让幼儿想说、敢说、有机会说并得到积极应答的环境，因此在评价语言教育活动形式时，要分析活动形式的安排是否遵循了幼儿语言学习的规律，是否考虑了幼儿语言学习的特点，是否根据语言教育的内容采用了科学合理的教具，是否创设了有利于幼儿表达的语言教育氛围等。

3. 幼儿对活动的热情和参与程度

一个语言教育活动只有激发幼儿积极参与的兴趣，调动幼儿主动学习的热情，才能最大限度地发挥语言教育活动的作用。因此可以通过观察，评价幼儿对语言活动的兴趣，对语言材料和教师示范的关注程度，对分组活动的投入程度等，以及从幼儿是否自始至终参与了活动过程，幼儿在活动过程中的语言表现力和创造力等方面评价幼儿是否积极参与了整个活动过程。

4. 教师和幼儿互动的情况及教师对活动实施的调控能力

在评价教师与幼儿之间的互动情况时，主要了解活动过程中教师对幼儿语言学习的指导与幼儿主动学习之间的协调关系。了解是否出现了因教师指导不足而影响语言教育活动目标的实现或因指导过度而干扰了幼儿学习主动性等现象。因此，在评价过程中应注意观察教师的语言示范是否有利于幼儿的模仿和练习，是否注意了幼儿对语言的规范化表达和自由表达之间的平衡关系，是否对幼儿的语言表达和运用提出了明确的要求。此外，任何一个活动都会面临教师预设与活动生成之间的矛盾。对语言教育活动的评价还应考虑到教师在活动实施过程中对语言目标的调节，对活动过程的总体把握等灵活性要求。一个成功的语言教育活动应该是教师在既定活动方案的基础上，通过教师的正确示范和合理组织为幼儿提供一个积极参与、充分练习的语言学习环境，并有效促进学习幼儿语言能力发展的过程。

学习笔记

二、幼儿语言教育评价的方法 >>>>>>>>>>>>>>>>>>>>>>

（一）评价幼儿语言发展的方法

1. 量表测定法

对幼儿早期语言发展的测定最初源于美国学者的研究。目前，这一研究量表已被推广应用到约 20 种语言的研究。普通话版本的汉语沟通发展量表(PCDI)主要采用父母报告的方法，对 8～30 个月龄说普通话的幼儿的早期语言发展做出测定。该量表可以细分为两个量表：词汇和手势量表(适用于 8～16 个月龄的幼儿)，词汇和句子量表(适用于 16～30 个月龄的幼儿)。该量表测定可用于对语言落后幼儿的筛查及对语言落后幼儿干预效果的评估。

2. 观察评估法

在日常生活和学习过程中，教师和家长通过对幼儿语言交往的观察记录，来评定幼儿的发音、词汇、倾听、表达等能力，获得幼儿语言发展的第一手资料，评定幼儿语言发展的实际水平。一般而言，自然状态下的观察最真实，对幼儿的干扰最少。但是对于日常不易观察到的内容，教师可以根据评价指标来设计专门的活动，促使幼儿自然地表现其发展状况。

3. 档案评估法

档案评估法是一种综合性的评价方法，即教师广泛收集能反映幼儿语言发展能力的各种材料，如谈话、看图讲述等活动的录音记录，参与阅读、描述、对话等活动的书面记录单等，将收集到的材料加以整理、归类、保存，再对照一定的标准，对幼儿的语言发展进行分析评价。

（二）评价幼儿语言教育活动的方法和途径

1. 教师对语言活动的反思和自我评价

教师在活动之前所设计的语言教育活动过程，是凭借自己对语言材料的认识

学习笔记

和对幼儿语言能力的判断所设计的一个预设过程，在活动过程中大部分教师会根据活动实施的实际情况和幼儿的回应情况进行必要的生成性调整。因此，教师在活动结束后对活动预设目标的实现情况，预设活动环节的实施效果，幼儿的实际表现以及教师在活动中的灵活调整等情况进行反思和自我评价，不但有利于总结经验，进一步提高教师对语言教育活动的实施能力，而且有助于教师的专业成长。教师对语言活动的反思和自我评价是一个能动的、审慎的认知和情感加工过程。这一过程中不仅有智力加工，如对语言教育活动性质、目标和特点的进一步理解，而且有情感等动力系统的支持，如通过反思发现问题并解决问题而心情舒畅，或通过自我评价肯定自己的观点而信心倍增等。教师个体反思和自我评价是开展语言教育活动评价的主要方法。

2. 语言活动的集体教研和评课

集体教研和评课是语言教育活动评价的重要途径。教师对语言活动的反思和自我评价一般以个体为主，集体教研活动中的评课是指多位参与听课的教师从自身认识出发，对同一语言教育活动从不同角度提出意见和看法，既可以肯定优点，也可以指出不足，还可以提出困惑供大家讨论和争辩。在集体教研活动中评课，大家可以各抒己见、畅所欲言，进一步增进对语言活动的认识和理解，同时及时分享与推广语言教育优秀经验，这对促进新教师成长具有积极意义。为了提高集体教研的评课效果，可以要求听课教师事先了解语言材料或语言活动的内容和特点，也可以通过明确语言活动的教研主题，使评课更深入。集体教研活动由教研员、业务园长、年级组长、优秀教师等多方参与评课活动，有助于提高集体教研中的评课质量，从而使评课成为推动语言教育活动发展的重要抓手。

3. 有选择地使用量化工具进行评价

以往对幼儿语言教育活动的整体评价以质性评价为主，受国外学者在师生互动研究中重视实证和量化研究工具使用的影响，国内部分学者开始选择和引进一些量化工具用以研究教师和幼儿在不同形式活动中的表现。如李林慧(2010)、曹高慧(2012)分别用教育活动评价计分系统开展语言教学活动中的师幼互动评价，夏蔚(2016)用 S-T 研究法、弗兰德斯互动分析法对幼儿园中班语言活动进行分析等。

教育活动评价计分系统(CLASS)是一种用于评价从学前班到小学三年级班级互动质量的观察工具，是由美国弗吉尼亚大学罗伯特 · C. 皮纳特(Robert C. Pianta)教授及其团队历时多年研发的成果。大量研究数据表明，这一评价工具具有较高的信度和效度。这套工具主要关注在教育活动情境中教师与幼儿的互动以及教师利用教学材料的情况，将班级教学质量、教师和幼儿之间的互动分为三大领域、十大维度进行评价，如图 9-1 所示。

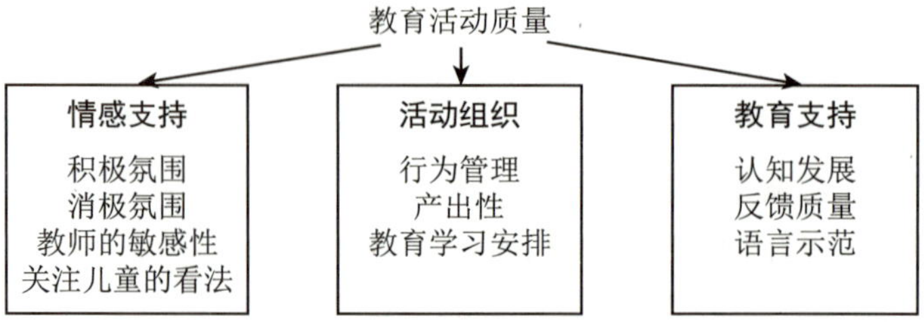

图 9-1　CLASS 评价标准的领域和维度

在情感支持领域：“积极氛围”反映教师与幼儿以及幼儿与幼儿之间所表现出的情感联系，如尊重与喜爱；“消极氛围”反映教师、幼儿所表现出的消极情感，如愤怒、对立或攻击；“教师的敏感性”考察教师能否意识到并回应幼儿的学习及情感需要；“关注幼儿的看法”考察教师与幼儿互动时对幼儿兴趣、动机和观点的重视程度。

在活动组织领域，“行为管理”考察教师如何有效地监管和修正幼儿不当的行为；“产出性”考察教育活动按常规运作的情况，教师对活动的组织与引导能在多大程度上保证学习时间的最大化；“教育学习安排”考察教师如何推进活动，如何提供材料，使幼儿能积极参与其中并获得最多的学习机会。

在教育支持领域：“认知发展”考察教师如何利用讲座或活动而非机械指导，以提高幼儿的高级思维技巧；“反馈质量”考察教师如何通过回应幼儿促进其学习；“语言示范”考察教师在多大程度上促进了幼儿的语言表达与发展。①

根据这样一套完整的计分系统，观察者可以在观察教师的各项活动时，按照CLASS观察单逐项评价教师在幼儿语言教育活动中的教学水平、课堂管理以及情感支持等方面。为了保证CLASS观察计分做到公正、准确，可以由多名观察者同时对一个语言教育活动进行观察，在共同讨论的基础上对教育活动实施提出评价意见。使用CLASS计分系统，对观察者也提出了严格要求，即要求每一个观察者保持客观的态度，正确地权衡每一项单一事件，并尽量保持每个维度评价的独立性。

思考与练习

1. 什么是幼儿语言教育评价？
2. 幼儿语言教育评价的内容和方法有哪些？
3. 选择一个幼儿园语言教育活动，尝试对这一活动进行评价。

① 李林慧：《早期阅读教育活动中的师幼互动分析——浅谈教育活动评价计分系统(CLASS)的运用》，载《幼儿教育(教师版)》，2010(10)。

参考文献

[1]周兢. 早期阅读发展与教育研究[M]. 北京：教育科学出版社，2007.

[2]周兢. 学前儿童语言学习与发展核心经验(第 2 版)[M]. 南京：南京师范大学出版社，2015.

[3]刘宝根. 学前儿童语言教育与活动指导[M]. 上海：华东师范大学出版社，2014.

[4]张明红. 多元理论视野下的学前儿童语言教育[M]. 上海：华东师范大学出版社，2018.

[5]张明红. 学前儿童语言教育(修订版)[M]. 上海：华东师范大学出版社，2006.

[6]周兢，余珍有. 幼儿园语言教育[M]. 北京：人民教育出版社，2004.

[7]梁旭东. 学前儿童语言教育[M]. 北京：中央广播电视大学出版社，2007.

[8]陈世明. 图像时代的早期阅读[M]. 上海：复旦大学出版社，2008.

[9]胡惠闵，郭良菁. 幼儿园教育评价[M]. 上海：华东师范大学出版社，2009.

[10]霍力岩. 学前教育评价[M]. 北京：北京师范大学出版社，2000.

[11]沈毅，崔允漷. 课堂观察：走向专业的听评课[M]. 上海：华东师范大学出版社，2008.

[12]李林慧. 早期阅读教育活动中的师幼互动分析——浅谈教育活动评价计分系统(CLASS)的运用[J].《幼儿教育(教育科学版)》，2010(10).

[13]曹高慧. 幼儿园语言教学活动中的师幼互动状况——基于 CLASS 系统的研究视角[D]. 浙江师范大学，2012.

[14]夏蔚. 幼儿园中班语言领域集体教学活动质量评价——基于对 10 次录像课的分析[J]. 成都师范学院学报，2016(12).